紫微斗數看一次就學會

李明謙◎著

序言

這本書是我多年教學與實務論命經驗系統化整理而成，是一本有深度的入門書，無論是初學者或進階研習都能有所助益，期待一本好書與您一起探研紫微斗數的堂奧。

一個人出生時，人體內的DNA受到天上日月星辰運行的磁場影響，在生理及心理上會產生某種潛在的「制約」力量，進而影響個性、體質、潛能及運勢的起伏，這也許就是命理學所探討的軌跡。

人生的成功與否？命格（天時）約佔40％、環境與風水（地利）約佔

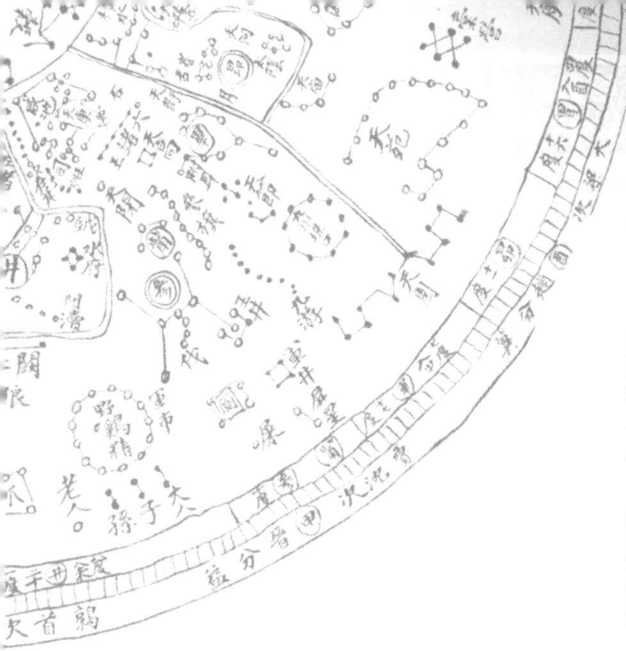

30%、個性與教育及後天的努力（人和）約佔30%，紫微命盤是「知命」更是「知己」，經由了解自己及親近的人，讓生活增添幾分的智慧與好運，期盼每個人的人生更加的豐足與成功。

「改善個性、調整心境，才是改變命運的樞紐。」

李明謙

2013

目錄

第一章

十二宮職

紫微斗數是「宮職、星曜、四化」三合一的命理學，也是人生的哲學。

所謂「宮職」就是指每個宮位各司其職，對宮職的正確完整認知是學習紫微斗數的基礎，也是功力高低的分野。

1.1 宮位與宮職

紫微斗數總共有十二宮，可依十二地支排成十二「宮位」，這些宮位的位置是永遠不變的，如下表所示：

巳	午	未	申
辰			酉
卯			戌
寅	丑	子	亥

十二「宮位」之中，子、午、卯、酉這四個宮位合稱為「四正位」也稱「四敗位」。

辰、戌、丑、未這四個宮位合稱為「四庫位」也稱「四墓位」。

寅、申、巳、亥這四個宮位合稱為「四馬位」。

天干地支是中國術數的基礎元素，而在排紫微斗數命盤時，甲、丙、戊、庚、壬等「陽年」出生的男性在紫微斗數稱為「陽男」，女性稱為「陽女」，乙、丁、己、辛、癸等「陰年」出生的男性在紫微斗數稱為「陰男」，女性稱為「陰女」。

※十天干

天干	陰陽	五行
甲	陽	木
乙	陰	木
丙	陽	火
丁	陰	火
戊	陽	土
己	陰	土
庚	陽	金
辛	陰	金
壬	陽	水
癸	陰	水

※十二地支

地支	陰陽	五行	時辰	生肖
子	陽	水	23~1	鼠
丑	陰	土	1~3	牛
寅	陽	木	3~5	虎
卯	陰	木	5~7	兔
辰	陽	土	7~9	龍
巳	陰	火	9~11	小龍
午	陽	火	11~13	馬
未	陰	土	13~15	羊
申	陽	金	15~17	猴
酉	陰	金	17~19	雞
戌	陽	土	19~21	狗
亥	陰	水	21~23	豬

另外，人生百態不外乎人、事、物的情境，命理所詮釋的無非也是人、事、物的問題，紫微斗數就以十二宮職來對應人生的人、事、物，十二宮職是先排定「命宮」之位置，再依逆時針的順序，排佈其他十一宮，而命宮的位置，依照每個人出生時間的不同，而可能落在不同的宮位（指十二地支）。

※十二宮職

「宮位」與「宮職」合併以後，所呈現出來的基礎命盤格式，就如下表所示：

夫妻宮	兄弟宮	命宮	父母宮
子女宮			福德宮
財帛宮			田宅宮
疾厄宮	遷移宮	交友宮	事業宮

其中，十二地支在所有的命盤都是固定不變的，而十二宮職則依個人出生時間的不同，而落在不同的地支宮位。

※十二宮職與宮位重疊範例

夫妻宮 巳	兄弟宮 午	命宮 未	父母宮 申
子女宮 辰			福德宮 酉
財帛宮 卯			田宅宮 戌
疾厄宮 寅	遷移宮 丑	交友宮 子	事業宮 亥

1.2 十二宮職意義說明

十二宮職各司其職，探討人生的十二種面向，對宮職內涵的正確與深入的了解，是學好紫微斗數的基礎。

【命宮】

1、代表本人的個性、人格特質。

2、個人的才華、職業適性。

3、命格的高低。

*大限（指十年運勢）或流年的命宮，則象徵運勢的起伏榮枯。

【兄弟宮】

1、兄弟姊妹的個性、才華、格局。

2、兄弟姊妹與我的緣份及對待。

3、廣義的解釋為本人與同事、朋友的緣份及助力與否。

【夫妻宮】

1、配偶的個性、才華、格局。

2、配偶與我的感情及對待。

3、本人姻緣的好壞。

【子女宮】

1、子女的個性、才華、格局。

2、子女與我的緣份及對待。

3、本人桃花的性質與吉凶。

【財帛宮】

1、賺錢的能力與機會。

2、理財的觀念與態度。

3、金錢的收支。

4、夫妻的對待關係（與夫妻宮合參）。

【疾厄宮】

1、身體的健康與體質。

2、看疾病或災厄。

3、代表脾氣的宮位。

【遷移宮】

1、外出運的機會與好壞，也為人生機遇之優劣。

2、在外的活動與社交。

【交友宮】（古代稱為奴僕宮）

1、與朋友、同事的緣份。

2、朋友及部屬是否有助力或阻力。

【事業宮】（古代稱為官祿宮）

1、工作運的好壞。
2、事業的狀態。
3、求學階段看學業與考運。
4、運勢的起伏變化，也稱為「氣數宮」。
5、個人的行為展現與形象。

【田宅宮】

1、祖業或本人的不動產運，也代表財庫。
2、與家人的相處對待，也是代表家運的宮位。
3、風水的好壞。

【福德宮】

1、福氣、福報的宮位。
2、興趣、嗜好、應酬與生活享受的宮位。
3、精神思維與情緒，與人生觀有關。

【父母宮】

1、父母的個性、才華、格局之高低。
2、父母與我的緣份、助力與對待。
3、表徵師長、上司、長輩。
4、與文書有關的宮位。
5、看相貌的宮位（與命宮合參）。
6、智商之高低。

1.3 十二宮職分類

十二宮依其宮位性質之不同，可分為六陰宮與六陽宮、六內宮與六外宮、六親宮與六事宮、六體宮與六用宮。

※十二宮職分類表

宮位序號	宮名	陰／陽	內／外	親／事	體／用
1.	命宮	陽	內	親	體
2.	兄弟宮	陰	外	親	用
3.	夫妻宮	陽	外	親	體
4.	子女宮	陰	外	親	用
5.	財帛宮	陽	內	事	用
6.	疾厄宮	陰	內	事	體

7.	遷移宮	陽	外	事	用
8.	交友宮	陰	外	親	用
9.	事業宮	陽	內	事	用
10.	田宅宮	陰	內	事	體
11.	福德宮	陽	內	事	體
12.	父母宮	陰	外	親	體

＊十二宮職的宮位序號很重要，最好能記起來。

※氣言往來

紫微斗數在論斷星曜時，一定要同時參考對宮，「氣言往來」』是紫微斗數的精神也是不變的理則。

十二宮分為六條線，每條線含本宮及對宮。

命遷線：命宮與遷移宮。

兄友線：兄弟宮與交友宮。

夫事線：夫妻宮與事業宮。

子田線：子女宮與田宅宮。

財福線：財帛宮與福德宮。

父疾線：父母宮與疾厄宮。

※本宮與對宮的「氣」永遠都是互動的，符合易經陰陽相對的道理。

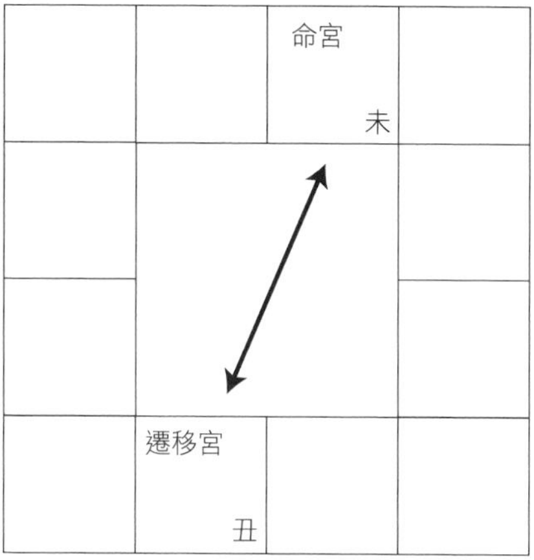

※三方與四正

傳統的十二地支有所謂的「三合方」，共有四組如下所列：

1、申、子、辰

2、寅、午、戌

3、亥、卯、未

4、巳、酉、丑

※宮位的三合方（彼此距離四個宮位）

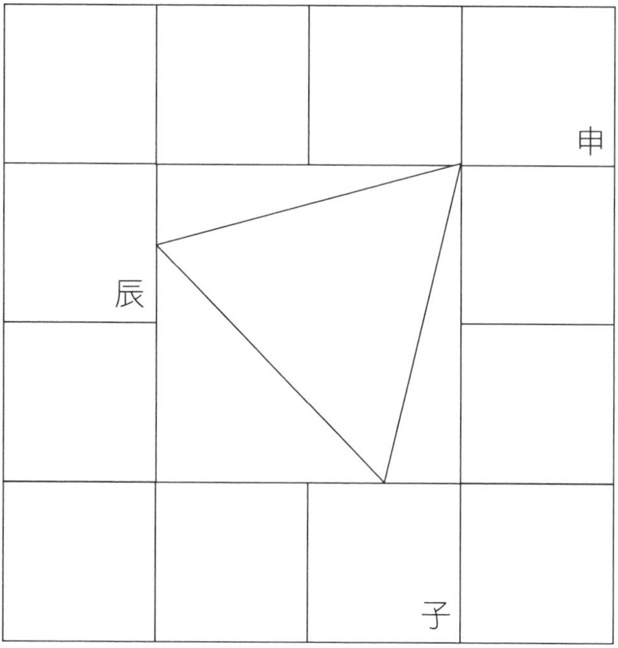

而紫微斗數的十二宮職，也可以分成四組三合方，稱之為「三方」宮。
這四組如下所列：
1、命宮、財帛宮、事業宮
2、福德宮、夫妻宮、遷移宮
3、父母宮、子女宮、交友宮
4、田宅宮、兄弟宮、疾厄宮

※命宮的三方

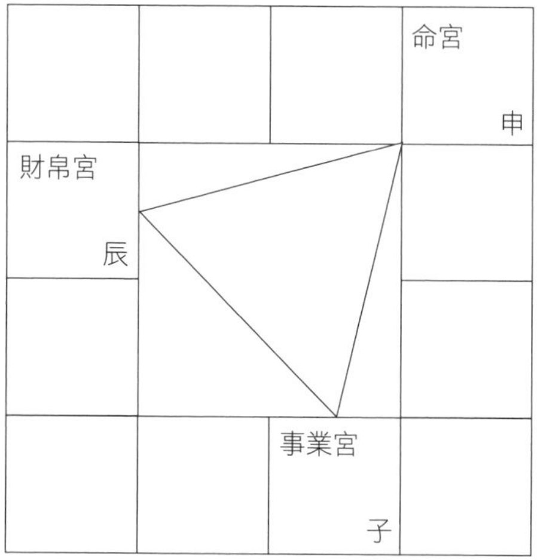

※宮職的四正

任何宮職的三方宮位加上該宮的對宮，總共四個宮位則稱為「四正」宮，若是站在「命宮」的角度，四正則是指命宮、財帛宮、事業宮加上對宮的遷移宮。此四正之定義，只要是用來觀看「星曜」在三方四正之間的相互影響。

（大部分派別採用此「四正」宮之定義，包含本書之內容所提到的「四正」）

命宮的四正宮

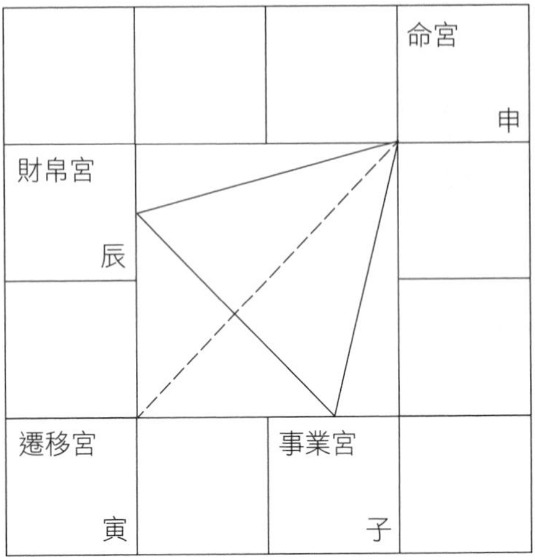

※三方四正的星曜彼此之間互有影響，尤以六吉星或六煞星對本宮的影響力不容忽視。

※十二宮的「三方四正」一覽表

三方四正

	宮名	三方	四正
1.	命宮	命宮／財帛宮／事業官	＋遷移宮
2.	兄弟宮	田宅宮／兄弟宮／疾厄宮	＋交友宮
3.	夫妻宮	福德宮／夫妻宮／遷移宮	＋事業宮
4.	子女宮	父母宮／子女宮／交友宮	＋田宅宮
5.	財帛宮	命宮／財帛宮／事業官	＋福德宮
6.	疾厄宮	田宅宮／兄弟宮／疾厄宮	＋父母宮
7.	遷移宮	福德宮／夫妻宮／遷移宮	＋命　宮
8.	交友宮	父母宮／子女宮／交友宮	＋兄弟宮
9.	事業宮	命宮／財帛宮／事業官	＋夫妻宮
10.	田宅宮	田宅宮／兄弟宮／疾厄宮	＋子女宮
11.	福德宮	福德宮／夫妻宮／遷移宮	＋財帛宮
12.	父母宮	父母宮／子女宮／交友宮	＋疾厄宮

※飛星派的「四正」

而「飛星派」的四正宮，則與上述定義不同，若是站在「命宮」的角度，其四正則是指命宮、子女宮、遷移宮、田宅宮。

此用法主要是用於飛宮四化的理氣應用，不在本書之探討範圍。

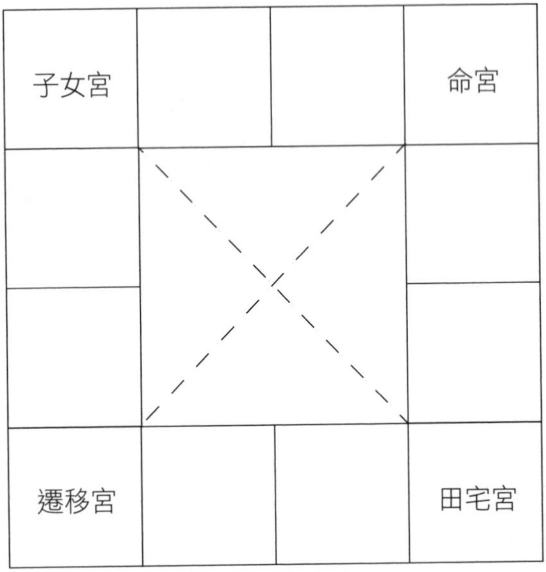

※ 名詞解釋

主星：指十四顆主星。
獨坐：該宮位只有一顆主星，也稱為坐守。
同宮：雙星同在一個宮位，也稱為同度。
對宮：對面的宮位，如命宮的對宮為遷移宮。
鄰宮：左右的宮位，如命宮的鄰宮為父母宮及兄弟宮。
空宮：該宮無主星。（表示該宮位基本上是具有缺點的）
夾：兩顆星曜分別落在左右鄰宮一起夾本宮。
沖：凶星或忌星在對宮沖射本宮。
照：吉星在對宮照射本宮，也稱為拱照。
會照：星曜在三合方對本宮產生影響力，稱為會照。
緣薄：主聚少離多或價值觀差異大。

1.4 宮位的移轉

初學者可以先跳過這一節，日後再回顧會有一番新的體會，紫微斗數每一個宮位都可以有多個意義，透過「宮位的移轉」詮釋著人、事、物多層次的互動關係，宮位的移轉似乎也道盡了世間人、事、物的錯綜複雜。

例如子女宮也可以是「事業宮的交友宮」，也就是把事業宮重新立太極當作「命宮」時，子女宮就是事業宮的交友宮，代表合夥的宮位可以用來看事業合夥的吉凶。

※宮位的移轉前

夫妻宮 巳	兄弟宮 午	命宮 未	父母宮 申
子女宮 辰			福德宮 酉
財帛宮 卯			田宅宮 戌
疾厄宮 寅	遷移宮 丑	交友宮 子	事業宮 亥

※宮位的移轉後

巳	午	未	申
交友宮 辰			酉
卯			戌
寅	丑	子	命宮 亥

以原來的事業宮做為新的命宮，原來的子女宮就成為「事業宮的交友宮」。這裡就一些較常應用及較具意義的宮位移轉後內容，重點說明如下。

【命宮】

1、事業宮的財帛宮：指事業上資金的運用。

2、財帛宮的事業宮：理財的能力，與財運有關。

【兄弟宮】

1、夫妻宮的父母宮：對女性而言，代表本人與公公婆婆的關係；對男性而言，指本人與岳父母的關係。

2、父母宮的夫妻宮：爸爸的太太，也就是代表「母親」。

3、財帛宮的田宅宮：可以表示存錢的地方，一般而言可指銀行存款。

4、田宅宮的財帛宮：指買房子的資金。

【夫妻宮】

1、事業宮的遷移宮：指事業在外的活動。

2、夫妻宮的命宮：指配偶的個性、才華。

【子女宮】

1、事業宮的交友宮：指合夥的吉凶。

2、疾厄宮的福德宮：看桃花的宮位，也與兩性生活之互動有關。

【財帛宮】

1、夫妻宮的夫妻宮：指夫妻之間相處的好壞。

2、父母宮的疾厄宮：父母親的健康。

【疾厄宮】

1、子女宮的夫妻宮：媳婦或女婿。

2、事業宮的田宅宮：指工作場合，如辦公室、營業場所或工廠。

【遷移宮】

1、夫妻宮的財帛宮：配偶的錢財。

2、福德宮的事業宮：老運，年老的運勢。

【交友宮】（古代稱為奴僕宮）

1、夫妻宮的疾厄宮：配偶的身體健康。

2、父母宮的事業宮：父母親的事業或氣數。

【事業宮】（古代稱為官祿宮）

1、兄弟宮的交友宮：兄弟姊妹的人際關係。

2、夫妻宮的遷移宮：配偶在外的活動。

【田宅宮】

1、財帛宮的疾厄宮：可代表「財庫」。

2、交友宮的夫妻宮：指異性朋友，與子女宮都是看異性緣的宮位。

3、父母宮的福德宮：父母的福份。

【福德宮】

1、疾厄宮的疾厄宮：與健康息息相關，也是看樂觀與悲觀的宮位。

2、夫妻宮的事業宮：配偶的事業或運勢，女性論婚姻時重要的參考宮位。

【父母宮】

1、遷移宮的疾厄宮：指出外之健康或水土適應方面。

2、夫妻宮的田宅宮：配偶婚前的家庭、家境。

第二章
星曜基本性質

明清時代紫微斗數可多達約 140 顆星曜，目前有些派別仍採用 100 多顆星曜來論命，其實，有許多星曜作用力不是很大，實在不需要耗費過多的時間研究，本書精選其中 41 顆星做為論述，在實務論命中綽綽有餘，因為四化（祿、權、科、忌）的「象、數、理、氣」運用才是紫微斗數的精華，然而對星曜性質的充分了解，仍是學習紫微斗數最基本的功夫及論斷的基礎。

2.1 十四主星

※十四主星

星系	北斗星					
星曜	紫微	貪狼	巨門	廉貞	武曲	破軍
陰陽	陰	陽	陰	陰	陰	陰
五行	己土	甲木	癸水（己土）	丁火	辛金	癸水

南斗星						中天星	
天府	天機	天同	天相	天梁	七殺	太陽	太陰
陽	陰	陽	陽	陽	陽	陽	陰
戊土	乙木	壬水	壬水	戊土	庚金	丙火	癸水

＊巨門星：一般派別五行視為「己土」，而飛星派則視為「癸水」。

【紫微星】

貴星、官祿主、司爵祿，化氣為「尊」，本質上是尊貴的一顆星，有氣派、有領導力，能解厄制化（指調解力）。

三方四正有六吉星會照，則具領導格局，遇六煞星則易好惡隨心、易信讒言。

紫微入命宮：

1、為人忠厚，但心胸不寬廣。

2、自尊心強，性格鮮明。
3、耳根子軟，喜聽奉承之話。
4、精神領域易有孤虛感。

紫微入六親宮以「孤」論，代表該六親之人精神易感孤單。

【天機星】

兄弟主（引申為兄弟），化氣為「善」，本質上是代表仁慈、智慧的一顆星，與宗教、命理有關之星辰。另一方面，天機星為驛馬星之一，也就是帶有變動性的一顆星，個性機變而靈活。

三方四正有六吉星會照，則具智慧與靈巧，利於學術、教育，遇六煞星則易流於幻想、投機取巧與見異思遷。

天機入命宮：

1、機智靈巧，反應敏捷。
2、心性較不穩定、多學而不精，易見異思遷或理想過高。
3、有創意、具企劃幕僚能力，但也較多思多慮。

【太陽星】

權貴之星、官祿主，司父、夫、子（代表父親、丈夫、兒子），化氣為「貴」，本質上主貴不主富、主名不主利。太陽有施而不受的特質，象徵著公正、博愛。太陽星也是驛馬星之一，是一顆具波動性質的星曜。三方四正有六吉星會照，則努力而有成，遇六煞星則易流於華而不實，「女命」容易有感情之困擾。

太陽入命宮：

1、個性光明磊落，博愛、大方、氣度較大。

2、白天出生之人較晚上出生之人吉利。

3、女命太陽入命宮，有男人之志、巾幗不讓鬚眉，易有晚婚之現象，喜褲裝之打扮。

【武曲星】

財帛主（財星）、將星，化氣為「剛」，本質上具備剛毅的特質，武曲星是斗數之中最大的財星，屬於行動求財非不勞而獲之財，武曲星也稱為「寡宿星」，入命宮或夫妻宮則夫妻相處易有磨擦。

三方四正有六吉星會照，則有決斷力也利於求財，遇六煞星則易流於衝動短慮、與人寡合。

武曲入命宮：

1、主觀強，不服輸。

2、性剛果決、心直無毒。

3、可得財，屬於勞心勞力之行動財。

【天同星】

福德主，化氣為「福」，本質上具有福氣的特質（天同化忌除外），所謂福氣並非憑空而來，往往是經過一番挫折而後的安定與享受。

三方四正有六吉星會照，則格調高雅，唯易流於逸樂，遇六煞星則易優柔寡斷，但可增加開創性。

天同入命宮：

1、有福可享，較利於女性，男性則易流於懶散。

2、個性溫和、有理想。

3、博學多聞，但未必專精。

3、聰明、反應快，但開創力不足。

【廉貞星】

囚星、官祿主，化氣為「囚」，本質上有著一種難盡情擴展的感覺。為斗數之中的「次桃花星」，主活潑、異性緣好。廉貞也是善惡兼具的一顆星，可善可惡而善惡一線之間在於交友與環境，近朱則赤，近墨則黑。

三方四正有六吉星會照則主聰敏、幽默，遇六煞星則易流於輕佻、好爭。

廉貞入命宮：

1、心直口快，好勝心強。

2、主觀強，不易對人遷就。

3、重視感情生活。

【天府星】

財星、庫星（財庫），化氣為「令」，本質上具有領導能力，只是天府的領導力偏向於守成而較缺乏開創性。天府星相當於一顆「化科星」，主聰明、靈巧，可解厄延壽。

三方四正有六吉星會照則主忠厚、富貴，遇六煞星則易流於取巧求財。

天府入命宮：

1、聰明靈巧、心性溫和。

2、有才華、多才多藝

3、較具優越感，防孤芳自賞。

4、愛惜錢財。

【太陰星】

財帛主（財星）、田宅主，司母、妻、女（母親、妻子、女兒），化氣為「富」，本質上有利於置產，太陽主貴、太陰主富，太陰化祿或祿存同度即成富格。

太陰星也是驛馬星之一，是一顆具波動性質的星曜。另外，太陰星也是與命理有關的星辰。

三方四正有六吉星會照則性情聰慧、利於置產，遇六煞星則易有感情困擾、波動猜疑。

太陰入命宮：

（男命）

1、溫和斯文，唯舉止有時帶有女性特質。

2、得女人緣，也得女性助力。

3、對太太略有不利之一面。

4、晚上出生之人較白天出生之人吉利。

（女命）

1、有女人味，具古典美。

2、外表柔靜，唯內心帶有一點好動。

3、得異性青睞，唯感情方面具猜疑心。

4、晚上出生之人較白天出生之人吉利。

【貪狼星】

財星、壽星，桃花主，化氣為「桃花」，為第一大桃花星，本質上具有才藝與異性緣，好動圓滑、做事敏捷，貪狼星可福可禍，福禍一線之間在於慾望。

三方四正有六吉星會照則主才藝、長袖善舞，遇六煞星則易流於物慾或沉迷嗜好。

貪狼入命宮：

1、善交際。
2、多才藝。
3、好動外向，耐心不足。
4、易執著嗜好。

【巨門星】

暗星、是非之星、小人之星，化氣為「暗」，本質上帶有口舌及是非的一顆星，巨門星的特點是具猜疑心，巨門星可福可禍而福禍一線之間在於言語。

三方四正有六吉星會照則主口才好，遇六煞星則易有口舌、是非。

巨門入命宮：

1、口才好，但也易有口舌是非。
2、具猜疑心，不易信任外界的人、事、物。
3、能適時表現自己。
4、博學而少精。

【天相星】

印星、化氣為「印」，印星的特質代表公正、謹慎、有服務熱忱，天相也是衣食之星，對吃與穿會講究但不一定要名牌、美食。

三方四正有六吉星會照則正義、忠誠，遇六煞星則略嫌軟弱，獨善其身。

天相入命宮：

1、容易被環境支配，遇善則善、遇惡則惡。

2、喜講好聽的話，也喜聽好聽的話。

3、有正義感，喜當和事佬。

4、不易見異思遷。

5、女命天相入命宮，一般均主成熟穩重，可以相夫教子。

【天梁星】

蔭星、壽星，化氣為「蔭」，喜幫助別人，能福蔭子孫。然而蔭星雖有解厄制化之功，入命宮多少帶點孤寂的味道。與宗教、哲學、文學、醫藥有關的一顆星。

天梁入命宮：

1、具敏銳的觀察力。

2、有助人之心。

3、心性耿直，唯略帶自負。

4、人生較不積極。（天梁化權除外）

【七殺星】

將星，化氣為「殺」，指精神面的剛強，遇紫微能化殺為權，主性剛、急躁、好勝，有正義感有英雄本色。七殺坐命之人，人生會有一次重大挫折。

七殺入命宮：

1、能幹，唯個性倔強。

2、不多話，喜怒易形於色。

3、有正義感、敢愛敢恨，性情中人。

4、有獨行性格，知己少。

5、幼年較不順，能刻苦耐勞。

6、女命長相漂亮、下巴略尖。

【破軍星】

性難明之星，司夫、子、友（配偶、子女、朋友），化氣為「耗」，代表損耗，入命宮往往健康、婚姻、事業、子女其一易有缺憾。「破軍一曜性難明」指的是破軍的個性不易捉摸，人生易大起大落。破軍星可福可禍而福禍一線之間在於個性。

破軍為破耗之星不宜入六親宮，入六親宮代表與該六親較緣薄。

破軍入命宮：

1、個性寡合。

2、個性不容易捉摸。

3、做事認真不服輸。

4、有研究精神。

2.2 六吉星

※六吉星

星曜	陰陽	五行
天魁	陽	丙火
天鉞	陰	丁火
左輔	陽	戊土
右弼	陰	癸水
文昌	陰	辛金
文曲	陰	癸水

*六吉星，皆是貴人星。

【天魁】

也稱為「天乙貴人」，屬於男性貴人，易得男性貴人之助（親人也算）。

白天出生的人較吉，四十歲前常有貴人相助，四十歲以後反主蔭人。

天魁入命宮，主聰明、清白。

【天鉞】

也稱為「玉堂貴人」，屬於女性貴人，易得女性貴人之助（親人也算）。

晚上出生的人較吉，四十歲前常有貴人相助，四十歲以後反主蔭人。

天鉞入命宮，主聰明、清白、心慈性軟。

天魁與天鉞，雙星同宮或分居本對宮助力較大，若兩顆星夾命宮，主一生多貴人之助力。

天魁與天鉞的助力，有時是來自於制度與政策的改變而得利。

天魁與天鉞皆為「科甲之星」有利於讀書考試。

【左輔】

左輔：行善令，主靈巧、隨和。

左輔入命宮，隨和、有才華，重感情、有同情心，適合學習巧藝、球類或運動項目。

【右弼】

右弼：行制令，主機智。

右弼入命宮，專制、有才華，重感情、好施捨，適合學習口才。

＊左輔、右弼，有「再一次」之意，落入不同之宮職有著不同的解釋。

【文昌】

文昌主功名、科甲、文學、口才。

文昌星也代表文書方面之事物。

文昌入命宮，主聰明、好學、反應快、有文才，喜歡美好的事物。

【文曲】

文曲主功名、科甲、文學、口才。

文曲星也代表文書方面之事物。

文曲入命宮，主聰明、好學、反應快、口才好，喜歡美好的事物。

*文昌為正途功名，偏向於學術。
*文曲為異路功名，偏向於技藝。
*文昌之桃花為人緣桃花，性質較佳。
*文曲之桃花為風騷桃花，較多感情困擾。
*文昌和文曲不喜與貪狼同度，主做事顛倒、交友不慎。

2.3 六煞星

※ 六煞星

星曜	擎羊	陀羅	火星	鈴星	地空	地劫
陰陽	陽	陰	陽	陰	陰	陽
五行	庚金	辛金	丙火	丁火	丁火	丙火

【擎羊】

擎羊星也稱為羊刃星，主刑傷，也是血光之星。

擎羊星相當於一顆化權星，擎羊入命宮，個性剛強、外向、好勝、掌權。

＊擎羊入命宮或疾厄宮，易有外傷如碰傷、跌傷、燙傷，落入子、午、卯、酉宮更代表身體多災病。

【陀羅】

陀羅：陀羅星相當於一顆化忌星，且含有拖延、揮之不去的不順感。

陀羅入命宮，固執、不服輸、易有嫉妒心，人生常有不順心的感覺。

＊女命不宜陀羅與巨門坐命宮，人生之婚姻、感情容易不順。

＊命宮坐擎羊，夫妻宮必坐陀羅，主夫妻性格不相投，婚姻對待易有衝突，須彼此包容、忍讓。

＊擎羊與陀羅皆主小人，擎羊為明槍、陀羅為暗箭，入命宮人生多小人、是非，尤其是陀羅。

＊擎羊＋火星為激發，也主明爭；陀羅＋鈴星為磨練，也主暗鬥。

＊擎羊＋鈴星，或陀羅＋火星，則反主熬煎。

【火星】

火星，是明現的是非。

火星入命宮，性浮、外向、有脾氣，人生需防是非。

【鈴星】

鈴星是暗中的傷害，威力較火星弱，但時間拖得較長。

鈴星入命宮，性烈、沈悶、內向。

＊火星喜與貪狼同度，主人生積極，具開創力有橫發的機會，稱為「火貪格」。

＊鈴星喜與貪狼同度，主人生打拼，具開創力有橫發的機會，稱為「鈴貪格」。

【地空】

地空主精神方面，常主精神挫折，多為本身因素影響。

地空入命宮，做事虛空、多幻想，不喜傳統束縛，易有精神的空虛。

唯智商高，宜有一技之長，利於從事設計、創意或藝術工作。

【地劫】

地劫主物質方面，常主實質上的耗損、多為外在因素造成。

地劫入命宮，做事疏狂，不易一步一腳印，不喜跟隨潮流，喜標新立異。

唯智商高，宜有一技之長，利於從事設計、創意或藝術工作。

※擎羊、陀羅、火星、鈴星，也稱為「四煞星」。

星曜的影響力以十四主星最大，六吉星與六煞星次之，次級星影響力則較小。

2.4 次級星

※較重要的次級星

星曜	陰陽	五行
祿存	陰	己土
天馬	陽	丙火
天刑	陽	丙火
天姚	陰	癸水
紅鸞	陰	癸水
天喜	陽	壬水

註：一般而言，命盤上的天馬星是依據出生「年度」來排列此星曜，而飛星派則依出生「月份」排此星曜，所以也稱之為月馬星。

其實是相同的一顆星，排法不同而已。

【祿存】

是斗數之中的財王星，主天賦之財，也是積蓄之財、細水長流。
祿存與巨門同宮，可化解巨門的口舌、是非。
祿存入命宮，耿直有上進心，能吃苦耐勞。
祿存不宜入六親宮，主孤，與該六親緣份較淡。
祿存與化祿同夾命宮，主一生易進財。

【天馬】／【月馬】

主驛馬。
天馬入命宮，個性較浮動外向，也主易在外奔波。
天馬與祿存交會，稱為「祿馬交馳格」，喜落財帛宮，為出外發跡之命。
天馬與祿存交會，落入六親宮反而不吉，有聚少離多之現象。
天馬不喜與天梁同宮，主飄移不定。
天馬與紫微相會，稱為「鑾輿」，可增加氣勢。

【天刑】

天刑主自律，為孤獨之宿。

天刑不宜入六親宮，主本人與該六親彼此之間的價值觀差異大，容易溝良不良或意見不合。天刑入命宮，個性剛直，與命理、醫學、佛學、法律等有緣。

【天姚】

天姚主大方，桃花星之一。

天姚的桃花有一見鍾情或偶然邂逅之性質。

天姚入命宮，主感情早熟，喜歡聊天，有藝術或美學的才氣。

【紅鸞】

紅鸞為喜慶之星。

紅鸞入命宮，個性溫和、早熟，女命秀美俏麗。

紅鸞屬於人緣桃花。

【天喜】

天喜為喜慶之星。在命盤上永遠位居紅鸞的對宮。

天喜入命宮，個性溫和，早熟，女命秀麗冷豔。

天喜屬於人緣桃花。

※雜曜（較不重要的次級星）

星耀	陰陽	五行
孤辰	陽	丙火
寡宿	陰	丁火
天哭	陽	庚金
天虛	陰	己土
咸池	陰	癸水
華蓋	陽	甲木
大耗		
陰煞		
天空		

【孤辰】

孤辰主孤獨，入福德宮精神孤寂，不宜入夫妻宮、福德宮或父母宮。

【寡宿】

寡宿主寡歡，入福德宮主精神空虛，不宜入夫妻宮、福德宮或父母宮。

※ 孤辰與寡宿為對星，一起出現時力量加強，單獨出現時影響力不大。

【天哭】

天哭主壓抑、憂傷，主感情或內心的痛苦，不宜入福德宮。

【天虛】

天虛為空虛、憂慮，偏向物質面的缺乏，不宜入財帛宮。

※ 天哭與天虛為對星，一起出現時力量加強，單獨出現時影響力不大。

【咸池】

咸池主情慾，遇貪狼或廉貞，則強化桃花傾向。

遇吉星可轉為才藝或異性緣。

命宮或子女宮，同時有咸池與大耗則為色災，易因桃色而破財或惹來是非。

【大耗】

大耗主損耗，不宜入財帛宮及田宅宮。

【華蓋】

華蓋主孤高，也主才氣。

入命宮，主人思想上有獨特見解，遇文昌、文曲或化科則喜文藝或哲學。

遇地空、天空，則易對宗教有興趣。

【陰煞】

陰煞屬小人或暗損。

入命宮，易有小人，也主個性較不開朗。

※　陰煞不宜入命宮或福德宮。

【天空】

天空主思想超脫，不易為人理解。

入命宮，主人有理想，時有精妙的思維與創意。
遇六煞星或天梁，則有時未免淪為空想，或言多行少。

【名詞解釋】

正曜：指十四主星。
桃花星：貪狼、廉貞、天姚、咸池、文昌、文曲、紅鸞、天喜。
驛馬星：天機、太陽、太陰、天馬。
文曜：文昌、文曲、化科。
空曜：地空、地劫、天空。
貴人星：六吉星、化科。
刑曜：擎羊、天刑。
五福壽星：紫微、天相、天同、天梁、貪狼。
桃花：桃花的正解為「異性緣」，未必皆與男女私情有關。
桃花一般而言可分為人緣桃花（如文昌）、公關桃花（如天梁）、情慾桃花（如貪狼為人緣與情慾兼具的桃花星）。

2.5 對星

紫微斗數的星曜之中有部分是屬於對星，當對星一起出現的時候力量會加強，在論命時必須更審慎推敲，當某一組對星在三方四正之中只出現其中一顆時也稱為『單現』。

十四主星之對星有四組，分別為：

1、天府／天相
2、太陽／太陰
3、天同／天梁
4、廉貞／貪狼

其他組對星

文昌／文曲，左輔／右弼，天魁／天鉞

擎羊／陀羅，火星／鈴星，地劫／地空

祿存／天馬

紅鸞／天喜

孤辰／寡宿

天哭／天虛

咸池／大耗

天刑／天姚

對星出現力量加強，依其雙星位置之分佈力量由大至小分別為：

1、同宮

2、夾宮

3、本對宮拱照

4、三方會照

※有些派別的對星尚包含：龍池／鳳閣、恩光／天貴、三台／八座、天福／天壽、台輔／封誥等五對，因重要性不是很高所以本書不納入討論研究。

※兩個對星同宮，力量最大。

※兩個對星，分別落在本宮及對宮。

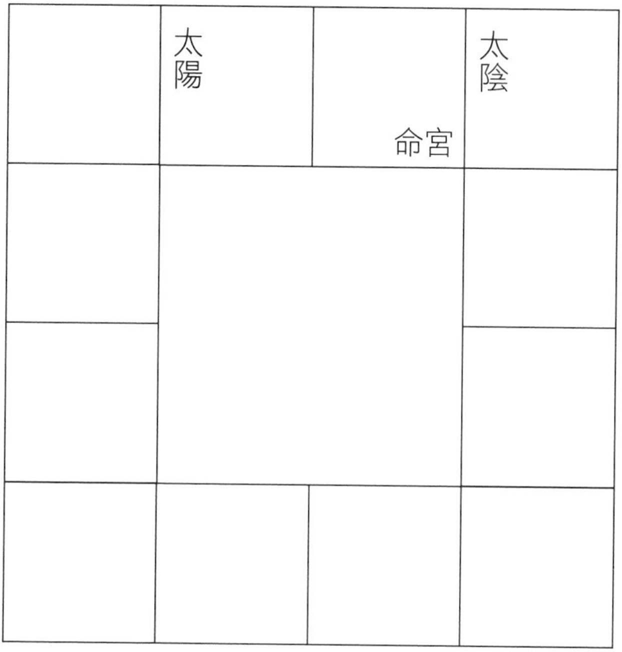

※兩個對星，分別落在左右兩宮來「夾」命宮。

此時「命宮」就是太陽與太陰所夾之宮。

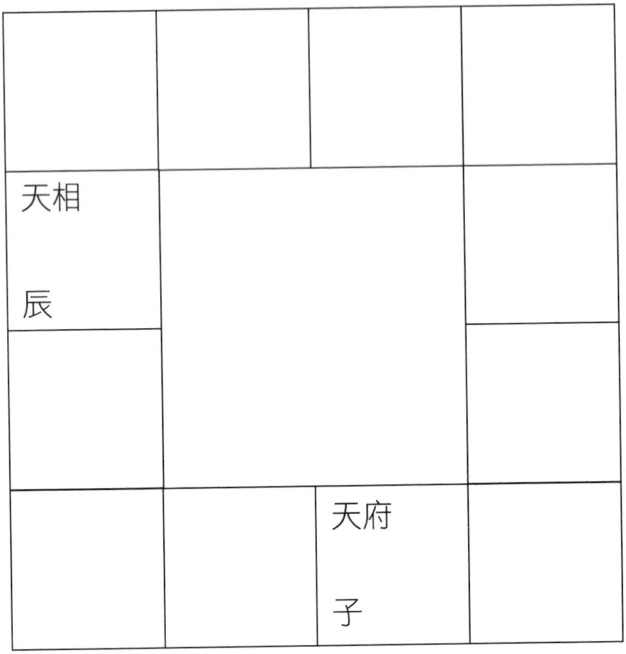

※兩個對星，分別落在三方。

【夾宮之舉例】

太陽與太陰夾命宮，一生多貴人。
天魁與天鉞夾命宮，多貴人扶持或得利於典章制度。
擎羊與陀羅夾命宮，容易受人掣肘。
擎羊與陀羅夾交友宮，提防受到朋友或同事拖累。
火星與鈴星夾命宮，主人生多是非，也較勞心勞力。
火星與鈴星夾交友宮，防受人所誤。
地空與地劫夾命，人生多坎坷，宜研究冷門學問或習一技之長，或往藝術設計方面發展。

2.6 十八飛星分男女

十八飛星是指有參與四化的十八顆星，也就是十四主星加上左輔、右弼、文昌、文曲。其中左輔、右弼、文昌、文曲這四顆星，與前生之緣業果報有關。

十八飛星分為男星或女星，在論命時很重要，例如子女宮有太陽化權，因為太陽是男星，所以命中理應有兒子。

男星：天機、太陽、天同、廉貞、天府、貪狼、天相、天梁、七殺、左輔、文昌共11顆。

女星：紫微、武曲、太陰、巨門、破軍、右弼、文曲共7顆。

第二章 生年四化入十二宮

3.1 四化象的基本意涵

紫微斗數命盤上面，都會標示以出生年的天干所排列出來的「生年四化象」，也就是「祿、權、科、忌」四個生年四化象，祿、權、科、忌各有不同的意義，在紫微命理的角度，生年四化象為與生俱來的現象，其質不滅也就是能量不滅，一般而言生年四化象所落入的宮職，深深的影響著一個人一生的富貴榮枯與運勢的起伏。

「生年四化象」也就是依據出生那一年的天干所排出來的四化象，例如甲年出生的人，甲天干使得廉貞星化祿、破軍星化權、武曲星化科、太陽星化忌，換一個角度，如果廉真星是落在子女宮，也可以說是子女宮有生年化祿，或是更完整的描述為子女宮有生年廉貞化祿。

請注意，當宮位有生年四化象時，四化的特質會比星曜的性質來得重要。

「祿、權、科、忌」基本的意義如下表所述：

※四化單一象的基本性質

	緣	人	事	物
祿	緣起	聰明、悟性高、隨和、忙碌、人緣	新的開始、新的機會	福祿、財祿
權	緣變	性剛、才華、能力、領導、威嚴、霸氣、爭執、外傷	開創、升遷、權勢、變化	專業技能、增加、增值
科	緣續	風度、風情、聰明、博學、名望、愛面子、惜情、戀舊、貴人、解厄、平順	文藝、才藝、巧藝、文教、行政、幕僚、功名、科甲、守成	專業知識、守舊
忌	緣滅	固執、執著、看不開、放不下、虧欠、嘮叨、管束	是非、不順、辛苦、困擾、變動	節儉、收藏

3.2 生年化祿入十二宮

命　宮：１、此生財祿、福祿不缺。

２、人緣佳。

３、忙碌中得財或得人緣之財。

兄弟宮：１、兄弟姊妹此生財祿、福祿不缺。

２、兄弟姊妹人緣佳，忙碌中得財或得人緣之財。

３、我與兄弟姊妹之間相處有緣有情。

夫妻宮：１、配偶此生財祿、福祿不缺。

２、配偶人緣佳，忙碌中得財或得人緣之財。

３、夫妻相處緣濃情深。

子女宮：１、子女此生財祿、福祿不缺。

2、子女人緣佳，忙碌中得財或得人緣之財。
3、我與子女之間有緣有情。
4、我本人之異性緣佳，桃花運也好。

財帛宮：1、忙碌中得財或得人緣之財。
2、花錢較大方，財不易緊守。

疾厄宮：1、脾氣好。
2、幼年較多災，養育上較辛苦。

遷移宮：1、出外發展能得財。
2、出外人緣好，機遇好。

交友宮：1、朋友之中較多財祿好之人。
2、朋友之中較多人緣好之人。
3、我與朋友彼此之間有緣有情。

事業宮：1、職場上有人緣，機運也好。
2、工作上忙碌中得財。

3、考運好。

田宅宮：1、家人相處和諧。

2、喜置產，一般而言也能置產或得產。

福德宮：1、有福可享。悟性高。

2、具有福慧，喜佈施。

父母宮：1、父母此生財祿好。

2、父母人緣佳，忙碌中得財。

3、我與父母之間有緣有情。

4、本人頭腦聰明。

3.3 生年化權入十二宮

命　宮：1、能力好、有才華，具領導格局及開創能力。
2、主觀強，重原則。
3、小時候容易有外傷（含跌碰傷）。

兄弟宮：1、兄弟姊妹能力好、有才華，具領導格局及開創能力。
2、兄弟姊妹主觀強，重原則。
3、兄弟姊妹之間相處，容易有爭執、磨擦。

夫妻宮：1、配偶能力好、有才華，具領導格局及開創能力。
2、配偶主觀強，重原則。
3、夫妻對待容易有爭執、磨擦。

子女宮：1、子女能力好、有才華，具領導格局及開創能力。

2、子女主觀強，不容易管教宜多疏通、開導。
3、我本人的感情、桃花，容易有一廂情願的傾向。
財帛宮：1、賺錢、理財的意念強、能力好。
2、必要的花費也不手軟，敢賺敢花。
疾厄宮：1、容易有外傷（含跌碰傷），尤其是小時候。
2、主觀強，脾氣較烈。
3、女命需謹慎交友，提防男人不良的意圖或騷擾。
遷移宮：1、在外能展現能力，也容易掌權。
2、在外難免與人有爭執、磨擦的現象。
3、人生有外出發展的格局。
交友宮：1、朋友能力好、有才華，具領導格局及開創能力。
2、朋友較多主觀強、重原則之人。
3、我與朋友或部屬之間容易有爭執、磨擦，但能互利。
事業宮：1、工作上具領導力，常是主管或老闆的格局。

2、職場上有開創力，能展現才華也容易升遷、掌權。

田宅宮：1、可置產或得產，也喜置不動產。

2、在家喜掌權，容易與家人有爭執、磨擦的現象。

福德宮：1、重視興趣與嗜好，捨得花錢享受。

2、較操煩或操勞，不易清閒。

父母宮：1、父母之一能力好、有才華，具領導格局及開創能力。

2、父母之一主觀強，重原則。

3、與父母之間易有代溝或磨擦。

3.4 生年化科入十二宮

命　宮：1、聰明、博學，做事有計畫。
2、有風度，易與人相處。
3、惜情、戀舊，易多愁善感。
4、人生較平順，自己是自己的貴人。

兄弟宮：1、兄弟姊妹聰明、博學，做事有計畫。
2、我與兄弟姊妹之間相處和諧。
3、兄弟姊妹是我的貴人。

夫妻宮：1、配偶聰明、博學，做事有計畫。
2、配偶有風度、善解風情，夫妻相處和諧。
3、配偶是我的貴人。

子女宮：1、子女聰明、博學，做事有計畫。
2、子女乖巧、教養好。
3、我本人的桃花具浪漫性質，講究氣氛。
財帛宮：1、收入平穩，賺錢、理財、花錢能有計畫。
2、宜上班，或從事文教、才藝、巧藝或知識性工作。
疾厄宮：1、脾氣好。
2、身體無大災病，但容易有小毛病。
3、生病易逢良醫，能逢凶化吉。
遷移宮：1、出外平順，易有貴人相助，機遇也佳。
2、出外有風度，與人好相處。
交友宮：1、朋友大多聰明、博學，做事有計畫。
2、朋友大多有風度，彼此容易相處。
3、朋友多貴人。
事業宮：1、職場多貴人，做事有計畫。

2、成績佳，考運好。

田宅宮：1、可置產或得產。

2、居家樸素典雅。

3、與家人相處和諧。

福德宮：1、能有計畫的生活享受與休閒娛樂。

2、具福慧，喜佈施。

父母宮：1、父母聰明、博學，做事有計畫。

2、父母是我的貴人，可得父母之關懷與助力。

3.5 生年化忌入十二宮

命　宮：1、較內向，人生易有不順心的感覺，容易感到事與願違或懷才不遇。
2、個性直，固執、執著、易鑽牛角尖，自尊心強。

兄弟宮：1、兄弟姊妹較內向，個性直，固執、執著、易鑽牛角尖。
2、為兄弟姊妹付出多。

夫妻宮：1、配偶內向，人生易有不順心的感覺，容易感到事與願違。
2、配偶個性直，固執、執著、易鑽牛角尖。
3、為配偶付出多。
4、宜晚婚。

子女宮：1、子女個性直，固執、執著、易鑽牛角尖。
2、子女遲得。

3、為子女付出多。

4、不利與人合夥。

5、本人的桃花性質不佳。

財帛宮：1、有財，但得財辛苦。

2、守財，但不易守得緊。

疾厄宮：1、先天體質不佳，或小時候體弱多病。

2、脾氣較固執、率性。

遷移宮：1、出外較不順，易有小人。

2、出外較辛苦，但仍有外出之機緣。

3、人生之機遇不佳。

交友宮：1、朋友大多固執、執著、易鑽牛角尖。

2、重視情義，為朋友付出多。

3、朋友易出唱反調、扯後腿或對我不利之人。

事業宮：1、宜上班。

2、工作多變動、易感不順或易有是非。

田宅宮：1、可置產或得產。

2、首次購屋易有不順，如資金不足或合約問題。

福德宮：1、享受較少或有福不會享。

2、精神領域不易清閒。

父母宮：1、父母之一固執、執著、易鑽牛角尖。

2、為父母付出多。

3、孝順但拙於表達，或是較無錢財孝敬父母。

3.6 四化影響對宮

「氣言往來」星曜的性質會影響對宮，四化的氣場更會影響對宮，化祿、化權、化科之氣會「照」對宮，例如夫妻宮有生年化科，科照事業宮也代表婚後事業會較平順、可有貴人。

化忌會「沖」對宮，例如事業宮有生年化忌，忌沖夫妻宮也代表先天姻緣不美。

3.7 四化雙象的意義說明

有時候一個宮位（或本對宮）可能有兩個四化象一起存在，這使得四化象的意義有所變化，生年四化單象與雙象意義不同，基本上雙象有六組，分別為祿權、祿科、權科、祿忌、權忌、科忌，讀者可依宮職的不同，自行揣摩該宮之意思。

例如夫妻宮有生年「科忌」同宮，代表夫妻相處易有囉唆、是非、嘮叨。

※ 四化雙象的意義說明

雙象	意義
祿權	有機會、有能力、利大於名、積極、生意格
祿科	有情有緣、文藝、才藝、巧藝、名大於利
權科	有能力、有風度、專業知識與技能、師之輩（專業人士）

雙象	意義
祿忌	起伏大、變化大
權忌	固執、爭吵、善變、無奈來去莫名
科忌	囉唆、是非、嘮叨、牽掛、拖泥帶水

第四章 生年四化宮 星象三合一解

第三章所描述的十二宮位四化象，應該要結合星曜一起說明才是完整的解釋，也就是紫微斗數的精神，「宮職、星曜、四化象」三合一的命理學。

4.1 化祿之宮星合一解

【命 宮】

廉貞化祿：有財祿、異性緣好，重視生活享受及精神享受。
天機化祿：機靈，能主動發掘求財的機會。
天同化祿：有偏財運或是得機緣之財，有福可享。
太陰化祿：男命得女性之助，女命本人財運好。
太陰星為「田宅主」化祿主富，也利於置產。
貪狼化祿：有桃花、善交際應酬，也主才藝。
武曲化祿：財運佳，可開創財富。
太陽化祿：因聲望而得財，因名而得利。

女命得男性之助，但需防感情問題。
巨門化祿：多學而不精，有口才、有口福，利於從事口才的行業或專業技能。
天梁化祿：會用錢幫助別人，或因財而招來紛擾。
破軍化祿：變動或開創之中得財。
※ 命宮有化祿，皆主本人聰明有才華，此生有財祿。

【兄弟宮】

廉貞化祿：兄弟姊妹有異性緣。
天機化祿：兄弟姊妹有機智。
天同化祿：兄弟姊妹能互相友愛、幫助。
太陰化祿：理應有姊妹，與姊妹相處融洽。
貪狼化祿：兄弟姊妹有才藝、桃花運佳。
武曲化祿：兄弟姊妹善賺錢。
太陽化祿：兄弟姊妹有好名聲或工作運好。
巨門化祿：兄弟姊妹有口才、有口福。

天梁化祿：手足有助力。
破軍化祿：兄弟姊妹長大宜分居，可減少紛爭。
※兄弟宮有化祿，皆主手足之間互動良好。

【夫妻宮】

廉貞化祿：配偶人緣好，夫妻宜共同參加社交活動。
天機化祿：配偶有智慧，感情較細膩及敏銳。
天同化祿：易得良偶，唯感情略帶波動。
太陰化祿：女命丈夫溫和多情，男命妻子溫柔美麗，唯感情方面帶有猜疑心。
貪狼化祿：夫妻年齡不宜太接近，夫妻宜培養共同的興趣、嗜好。
武曲化祿：夫妻年齡不宜太接近，男命婚後妻子對先生財運有助。
太陽化祿：配偶常是工作上的關係而開啟緣份。
巨門化祿：配偶口才好，唯婚姻略帶苦衷。
天梁化祿：配偶善解人意。
破軍化祿：配偶宜長配（比自己年長）。

※夫妻宮有化祿，皆主夫妻之間有情有緣。

【子女宮】

廉貞化祿：本人異性緣好，易有桃花。

子女有財祿，懂得享受。

天機化祿：子女聰明敏捷、反應快。

天同化祿：子女較有福，唯容易流於逸樂懶散。

太陰化祿：子女溫和，女兒則貌美秀麗。

貪狼化祿：本人異性緣好，易有桃花。子女多才藝。

武曲化祿：子女財運好，個性較獨立。

太陽化祿：子女有出息，較活潑好動。

巨門化祿：子女口才好。

天梁化祿：子女觀察力好。

破軍化祿：子女具研究精神，唯思想、行為較獨特。

※子女宮有化祿，皆主子女聰明、人緣好、有財祿。

【財帛宮】

廉貞化祿：賺錢順利，有投機之財。
天機化祿：可靠智慧、創意賺錢，或是動中求財。
天同化祿：有幸運之財，有不勞而獲之財或少量資金帶來更大的財運。
太陰化祿：有計畫的賺錢理財，可逐漸致富。
貪狼化祿：帶偏財，才藝之財或善交際而得財。
武曲化祿：財運佳，努力就有收穫。
太陽化祿：因事業或名氣而得財。
巨門化祿：靠口才賺錢，利於競爭之中得財。
天梁化祿：可得福蔭之財，也利於投資股票。
破軍化祿：開創中得財，先耗損而後有得。
可有不勞而獲之財或事業變動中突破而獲利。
※財帛宮有化祿，皆主此生有財祿。

【疾厄宮】

※命盤訊息僅供參考，實際病痛問題請以醫生之診斷或醫學檢驗報告為主。

廉貞化祿：需預防心悸、胸悶或皮膚問題。

天機化祿：需預防四肢或肝膽問題，防思慮過多而傷神。

天同化祿：需預防肝疾、肥胖、泌尿科或糖尿病，天同有遇難呈祥的功能。

太陰化祿：需預防眼疾、濕氣、血液循環毛病，女命婦科問題。

貪狼化祿：需預防肝膽之疾，男命腎氣耗弱，女命婦科問題。

武曲化祿：需預防鼻子、胸、肺、呼吸道問題。

太陽化祿：需預防眼疾、頭疾、高血壓、大腸燥鬱等問題。

巨門化祿：需預防脾胃或肥胖問題。

天梁化祿：需預防腦、頸問題，容易用腦過度。

破軍化祿：需預防男命腎水不足，女命婦科問題。

※疾厄宮有化祿，皆主本人脾氣好。

【遷移宮】

廉貞化祿：活潑外向，在外異性緣好、應酬多。
天機化祿：常遠行或出外。
天同化祿：喜享受，喜外出。
太陰化祿：出外有利，有女性助力。
貪狼化祿：出外異性緣好，善於社交或交際應酬。
武曲化祿：利於出外求財。
太陽化祿：在外有名也有利。
巨門化祿：外出多口福，也善於口語表達。
天梁化祿：出外可有福蔭，可得長輩肯定及幫助。
破軍化祿：出外機會多，利於在外開創，常有遠行或出國之機會。
※遷移宮有化祿，皆主出外較有利。

【交友宮】

廉貞化祿：朋友多、異性緣也好。

天機化祿：朋友廣、常有新朋友。
天同化祿：待人隨和，喜與朋友聚會、娛樂。
太陰化祿：可得益友，可得女性朋友助力。
貪狼化祿：人緣好、異性緣也好，易有桃花運，人際關係好、善社交。
武曲化祿：朋友可助求財，但未必長久。
太陽化祿：多工作上的朋友。
巨門化祿：與朋友有話題，也有口福。
天梁化祿：可得正直之友，朋友可了解自己並幫助自己。
破軍化祿：朋友有緣，但知心難覓。
※交友宮有化祿，皆主與朋友有情有緣，也代表可以有好的部屬。

【事業宮】

廉貞化祿：事業上忙碌中得財，地位提升、名氣好。
天機化祿：職場上可展現創意智慧，能主動創造求財的機會。
天同化祿：運氣好、財祿佳，宜服務業、餐飲業。

太陰化祿：事業可帶來好的財運，有女性貴人。
貪狼化祿：得人緣、才藝或桃花之財，人際關係較圓滑或應酬較多。
武曲化祿：財星化祿利於得財，也有橫發之機會，發後宜守。
太陽化祿：忙碌中得財，一分耕耘一分收穫，名可以帶來利。
巨門化祿：口才好、善表達，宜以口為主的行業（如業務、老師……）。
天梁化祿：得人緣之財或服務他人而得財。
破軍化祿：行動中得財，開創中得利或變動中獲益。
※事業宮有化祿，皆主職場上有人緣、有好的機會，忙碌中得財。

【田宅宮】

廉貞化祿：家中財運好。
天機化祿：在家與兄弟姊妹相處融洽，屋內擺設較常變動。
天同化祿：在家可享福。
太陰化祿：可置產，女命財運好，男命受女性之蔭。
貪狼化祿：喜置產。

武曲化祿：有錢可置產。
太陽化祿：家中男性財運好。
巨門化祿：房產較易變動，如買賣、換屋或搬遷。
天梁化祿：有祖產，或得父母之助而置產。
破軍化祿：可置產，但應避免貸款額度過高，帶來付息壓力。
※田宅宮有化祿，皆主有錢喜買不動產，與家人之相處較有情。

【福德宮】

廉貞化祿：忙碌，生活充實。
天機化祿：興趣廣、有創意。
天同化祿：有福可享、可益壽，生活安逸但不可過度逸樂。
太陰化祿：重精神生活，如太陰廟旺則心裡能滿足。
貪狼化祿：興趣與嗜好廣，也喜物質享受。
武曲化祿：物質享受重於精神享受，多注重人情味人生會更好。
太陽化祿：有榮譽感。

巨門化祿：有口福，能表現自己。
天梁化祿：重視精神生活，有助人之心。
破軍化祿：善於找尋機會也懂得享受生活。
※福德宮有化祿，皆主此生有福報、悟性高、喜佈施。

【父母宮】

廉貞化祿：父母較不拘小節，有人緣或才藝。
天機化祿：父母有智慧。
天同化祿：父母之一較溫和、脾氣好。
太陰化祿：與母親緣份較深。
貪狼化祿：父母有才華、有人緣。
武曲化祿：父母善賺錢、理財。
太陽化祿：與父親緣份較深。
巨門化祿：父母會常以言語表達他們的關心。
天梁化祿：得父母之蔭助。

破軍化祿：父母會關心我，但我較獨立有自己的想法。

※父母宮有化祿，皆主父母（之一或雙方）對自己照顧有加，也主對我有財運上的幫助。

4.2 化權之宮星象合一解

【命 宮】

破軍化權：有拼勁、開創有成。
天梁化權：主觀強、帶有霸氣，能照顧他人。
天機化權：有進取心、懂得變通。
天同化權：積極、有開創力。
太陰化權：女命有主管格或老闆格，男命得女性助力而成功。
貪狼化權：慾望較強。
武曲化權：個性剛強、行動果決，女命婚後宜上班。
太陽化權：主觀強、有開創力。

紫微化權：工作上易有權力，但帶有辛勞。

巨門化權：說話有說服力。

※命宮有化權，皆主本人有才幹、能掌權，但與人相處有磨擦。

【兄弟宮】

破軍化權：兄弟姊妹具開創力。

天梁化權：兄弟姊妹觀察力好。

天機化權：兄弟姊妹機智敏銳。

天同化權：兄弟姊妹主見較強。

太陰化權：理應有姊妹、其能力好但主觀強。

貪狼化權：兄弟姊妹能主動追求其人生目標。

武曲化權：兄弟姊妹個性剛強、行動果決，喜賺錢。

太陽化權：兄弟主觀強、有開創力。

紫微化權：兄弟姊妹自尊心較強，有領導力。

巨門化權：兄弟姊妹說話有說服力。

※兄弟宮有化權，皆主手足之間易有磨擦。

【夫妻宮】

破軍化權：配偶具開創力。
天梁化權：配偶觀察力好。
天機化權：配偶機智敏銳。
天同化權：配偶主見較強。
太陰化權：配偶喜掌權，也有能力理財。
貪狼化權：配偶較主動追求其人生目標。
武曲化權：配偶個性剛強、行動果決。
太陽化權：配偶主觀強、有開創力。
紫微化權：配偶自尊心較強，有領導力。
巨門化權：配偶說話有說服力。
※夫妻宮有化權，皆主配偶能力好，但夫妻對待易有磨擦。

【子女宮】

破軍化權：子女聰明但思想、言行較獨特。

天梁化權：子女觀察力好。

天機化權：子女機智敏銳。

天同化權：子女懂得努力追求成就。

太陰化權：子女聰明、博學。女兒能力好。

貪狼化權：子女較主動追求其人生目標。

武曲化權：子女個性剛強、行動果決。

太陽化權：子女主觀強、大方。兒子能力好。

紫微化權：子女自尊心強。

巨門化權：子女口才好。

※子女宮有化權，皆主子女主見強，較不容易管教。

【財帛宮】

破軍化權：積極賺錢，能努力開創。

天梁化權：主得財，唯帶有辛苦與困擾。
天機化權：賺錢有效率。
天同化權：主得財，唯喜享樂或依附權勢。
太陰化權：男命得女性助力而得財，女命則本人能力好而得財。
貪狼化權：賺錢慾望強，也較主動。
武曲化權：果決有行動力而得財，善理財。
太陽化權：名聲可以帶來利益，也主努力工作而有所得。
紫微化權：有權力地位或具專業技能而得財，唯帶有勞碌。
巨門化權：依口才或專業而得財。
※財帛宮有化權，皆主善於賺錢及理財。

【疾厄宮】

破軍化權：注意婦科、腎弱、胸悶等問題。
天梁化權：注意腦、頸問題，也防用腦過度、腦神經耗弱。
天機化權：注意四肢受傷，或筋骨問題。

天同化權：注意肝膽、泌尿系統。
太陰化權：注意血液循環問題，或眼睛、血光、開刀。
貪狼化權：注意肝膽、泌尿系統、婦科。
武曲化權：注意呼吸系統、胸肺、鼻子。
太陽化權：注意眼疾、頭疾、高血壓。
紫微化權：注意脾胃問題。
巨門化權：注意脾胃、消化系統、口喉問題。
※疾厄宮有化權，皆主脾氣較烈。

【遷移宮】

破軍化權：在外開創力強，唯帶奔波勞碌。
天梁化權：在外能得他人蔭助。
天機化權：帶驛馬性質，主遠行、常出外或多變動。
天同化權：出外有福，也能開創。
太陰化權：在外有創造力，也能得到女性之助力。

貪狼化權：利於在外發展，積極應酬或經營人脈。
武曲化權：利於在外求財。
太陽化權：男命多為主管或老闆格，女命為巾幗英雄也易有事業成就。
紫微化權：在外能掌權，有貴人提拔。
巨門化權：以口才或專業揚名於外，唯帶有是非。
※遷移宮有化權，皆主利於出外發展。

【交友宮】

破軍化權：交友廣，唯知己難覓。
天梁化權：可得正直之友，忠言逆耳。
天機化權：交友廣，常有新朋友。
天同化權：朋友有助力但主見較強。
太陰化權：朋友之間易有情緒上的問題，男命可得女性助力。
貪狼化權：社交活絡，交際應酬較多。
武曲化權：朋友主觀強，互動較不熱絡。

太陽化權：多工作上的朋友。
紫微化權：朋友較為強勢。
巨門化權：朋友之間易有言語爭鋒。
※交友宮有化權，皆主能結交有能力的朋友或同事，但彼此容易意見不合。

【事業宮】

破軍化權：變動之中能有所開創，可破舊迎新。
天梁化權：得他人助力，利於升遷。
天機化權：能主動創造機會。
天同化權：有白手起家或少量資金創業之能。
太陰化權：女性能力好、事業運好，男命可得女性助力。
貪狼化權：積極開創，企圖心強。
武曲化權：事業帶來財運。
太陽化權：可掌權，利於升遷、創業。
紫微化權：事業上可有權力，也易有貴人提拔。

巨門化權：職場上善用口才或專業技能。
※事業宮有化權，皆主事業上能開創、也易掌權。

【田宅宮】

破軍化權：可有田產，但不宜貸款過多。
天梁化權：可得祖產或得長輩助力而置產。
天機化權：可置產，較常搬家或變動家中佈置。
天同化權：可置產，在家中較有威嚴。
太陰化權：不動產運好，可有多筆不動產。
貪狼化權：可得產，住家較華麗。
武曲化權：可置產，買賣或出租不動產可獲利。
太陽化權：可置產，在家掌權。
紫微化權：可置產，房屋高級或居住高樓大廈內。
巨門化權：可置產，住家附近易出搬弄是非之人。
※田宅宮有化權，皆主有能力置產或得產。

【福德宮】

破軍化權：主觀強，較勞心勞力。
天梁化權：有老大哥作風，主見強。
天機化權：興趣廣、多思多慮。
天同化權：有福可享，重視精神生活。
太陰化權：多思慮。
貪狼化權：喜歡生活享受也懂得玩樂。
武曲化權：較重視物質享受，精神領域不美。
太陽化權：為人光明，喜動不喜靜。
紫微化權：主觀強，精神易有孤虛感。
巨門化權：觀念易與人有所差異。
※福德宮有化權，皆主精神領域不容易清閒。

【父母宮】

破軍化權：父母思想具獨特性。

天梁化權：得父親助力。
天機化權：父母有智慧。
天同化權：父母主見較強。
太陰化權：母親管教較嚴。
貪狼化權：父母耐心較不足，易有私心。
武曲化權：與父母較不親近。
太陽化權：父親有權有威嚴。
紫微化權：父母有威嚴。
巨門化權：與父母有代溝。
※父母宮有化權，父母之一較有威嚴或管教較嚴格，也主兩代之間易有磨擦。

4.3 化科之宮星象合一解

【命宮】

武曲化科：有果斷力、有計畫性的理財。
紫微化科：重面子、能明辨是非，唯處世仍有強烈的個人風格。
文昌化科：聰明、好學、有名聲，利於文藝或學術研究。
天機化科：具企劃能力，好學習。
右弼化科：有貴人，善用口才、機智而得助力。
天梁化科：領悟力強、考運好，不喜隨波逐流。
太陰化科：男命，異性緣好可有女性貴人；女命，聰慧有氣質而略帶多愁善感。
文曲化科：善談吐，有異性緣。

左輔化科：有貴人，隨和、靈巧。

※命宮有化科，皆主為人溫和有風度。

【兄弟宮】

武曲化科：手足之中有人善於理財。

紫微化科：兄弟姊妹有成就，是我的貴人。

文昌化科：兄弟姊妹聰明有才華。

天機化科：會有兄弟，彼此關心。

右弼化科：兄弟姊妹有機智。

天梁化科：手足有助力。

太陰化科：有姊妹，美麗有氣質。

文曲化科：兄弟姊妹有才華、有人緣。

左輔化科：兄弟姊妹隨和、靈巧。

※兄弟宮有化科，皆主兄弟姊妹相處和諧，彼此能互相關懷。

【夫妻宮】

武曲化科：配偶善理財。
紫微化科：配偶能力好、自尊心強。
文昌化科：配偶多才藝或知識水平高。
天機化科：配偶有智慧。
右弼化科：配偶有助力，但婚後易有第三者介入婚姻。
天梁化科：配偶觀察力好、善於照顧我。
太陰化科：男命，配偶賢慧；女命，配偶溫和。
文曲化科：配偶人緣好，有才藝。
左輔化科：配偶靈巧，婚姻宜防第三者。
※ 夫妻宮有化科，皆主配偶溫和、有風情。

【子女宮】

武曲化科：子女好學習，能有效管理金錢。
紫微化科：子女能力好、自尊心強。

文昌化科：子女多才藝或知識水平高。
天機化科：子女有智慧、好動。
右弼化科：子女有機智、口才好。
天梁化科：子女觀察力好。
太陰化科：子女個性溫和，若是女孩則貌美。
文曲化科：子女人緣好、有才藝、口才好。
左輔化科：子女靈巧、隨和。
※子女宮有化科，皆主子女聰明、好學習。

【財帛宮】

武曲化科：主富裕，有效率的行動與決策帶來財富。
紫微化科：衣食無憂，也能有良好的社會地位。
文昌化科：知識、證照與名氣，可帶來財運。
天機化科：可靠發明或專利賺錢，靠創意求財或得流動性之財。
右弼化科：主雙重收入，除薪資之外常有兼職之收入。

天梁化科：宜公家機構，可賺股票之財或藉由服務、幫助別人而得財。
太陰化科：可逐漸累積財富、積沙成塔。
文曲化科：可靠才藝或人緣得財，有偏財運。
左輔化科：主雙重收入，除薪資之外常有兼職之收入。
※財帛宮有化科，皆主財運平穩、可得貴人。

【疾厄宮】

武曲化科：宜注重鼻、肺、呼吸系統的保健。
紫微化科：宜注重脾胃的保健。
文昌化科：宜注意神經系統、咳嗽、便秘問題。
天機化科：宜注意四肢問題或神經系統，不宜過度思慮。
右弼化科：宜注意腎水問題，或經水問題。
天梁化科：宜注意腦、頸問題，防用腦過度。
太陰化科：宜注意眼疾、濕氣、婦科、血液循環。
文曲化科：宜注意腎水問題，或經水問題。

左輔化科：宜注意脾胃、痛風問題。
疾厄宮有化科：脾氣好，無大病痛唯仍時有小毛病，生病可逢良醫。

【遷移宮】

武曲化科：在外求財順利且有貴人。
紫微化科：在外得貴人提拔。
文昌化科：宜在外地求學或考試。
天機化科：離鄉發展易有貴人，也利於外地求學。
右弼化科：在外可有助力與貴人。
天梁化科：在外能逢凶化吉，可得長輩助力。
太陰化科：在外得女性助力。
文曲化科：在外人緣好，可展現才藝、才華。
左輔化科：在外可有助力與貴人。
※遷移宮有化科，皆主利於出外求學或發展。

【交友宮】

武曲化科：朋友對我財運有助。
紫微化科：能得益友，朋友大多有不錯的工作。
文昌化科：朋友多聰明有才華。
天機化科：朋友多，常結交新朋友。
右弼化科：朋友機智有助力。
天梁化科：朋友觀察力好，有助力。
太陰化科：較多女性貴人。
文曲化科：人緣好，朋友好相處。
左輔化科：朋友隨和有助力。
※交友宮有化科，皆主朋友多貴人、彼此相處較和諧。

【事業宮】

武曲化科：事業上收入好。
紫微化科：職場上多貴人、有名聲。

文昌化科：利於從事文職工作、利考試。
天機化科：利於從事企劃、設計工作，或流通性工作。
右弼化科：有兼職的傾向，或從事兩種以上之工作性質。
天梁化科：職場上人緣好，有長輩貴人。
太陰化科：職場上多女性貴人。
文曲化科：利於從事文職工作或才藝性工作。
左輔化科：有兼職的傾向，或從事兩種以上之工作性質。
※事業宮有化科，皆主職場順利、多貴人。

【田宅宮】

武曲化科：能存錢置產。
紫微化科：居家品質高，經常是高級住宅區或大廈型房子。
文昌化科：書香之家或居家附近易有學校。
天機化科：屋內擺設較常變動。
右弼化科：可置產或易有祖產。

天梁化科：家中有長輩助力，居家附近易有樹或廟宇。
太陰化科：不動產運好。
文曲化科：書香之家或居家附近易有學校。
左輔化科：可置產或易有祖產。
※田宅宮有化科，皆主家人相處較和諧。

【福德宮】

武曲化科：有財可享受。
紫微化科：有福報，能佈施更有福。
文昌化科：好學習，喜文藝或才藝。
天機化科：興趣廣、創意多。
右弼化科：喜佈施、為善不欲人知。
天梁化科：有福報、得長輩助力，與文學、命理或宗教有緣。
太陰化科：喜歡美好的事物。
文曲化科：有才藝、善言語。

左輔化科：喜佈施。
※福德宮有化科，皆主此生有福報。

【父母宮】

武曲化科：父母善於理財。
紫微化科：父母能明辨是非，唯處世仍有強烈的個人風格。
文昌化科：父母做事踏實，也利於其名譽。
天機化科：父母機智、反應快。
右弼化科：本人學業有再度完成的現象（含重考、轉學或再進修）。
天梁化科：父母有智慧，觀察力好。
太陰化科：父母個性較溫和。
文曲化科：父母具才藝或口才，也利於其名譽。
左輔化科：本人學業有再度完成的現象（含重考、轉學或再進修）。
※父母宮有化科，皆主父母之一特別關心我。

4.4 化忌之宮星象合一解

【命宮】

太陽化忌：易有眼疾，與先生或父親的緣份不佳。
太陰化忌：易有眼疾，與太太或母親的緣份不佳。
廉貞化忌：人生容易有挫折感或感覺受人牽制。
巨門化忌：口舌是非多，易有小人。
天機化忌：博學而不精，多思多慮或情緒易衝動。
文曲化忌：易有感情困擾，注意文書上的失誤。
天同化忌：情緒易不好，個性易受外界人、事、物的影響。

文昌化忌：考運不佳，注意文書失誤。
武曲化忌：容易短慮（思慮不周詳），也防財運不佳。
貪狼化忌：追求理想的過程，容易有挫折。
※命宮有化忌，皆主個性較直也較固執。

【兄弟宮】

太陽化忌：與兄弟緣薄或對待不順。
太陰化忌：與姊妹緣薄或對待不順。
廉貞化忌：兄弟姊妹脾氣較差，不易溝通。
巨門化忌：兄弟姊妹之間多口舌是非。
天機化忌：兄弟姊妹感情較淡或聚少離多。
文曲化忌：兄弟姊妹容易意見不合。
天同化忌：兄弟姊妹個性較偏激或依賴。
文昌化忌：兄弟姊妹考運不佳。
武曲化忌：兄弟姊妹個性寡合。

貪狼化忌：兄弟姊妹易有私心。

※兄弟宮有化忌，皆主為兄弟姊妹付出較多、彼此緣薄。

【夫妻宮】

太陽化忌：（男命）妻緣不佳或對待不好。

（女命）夫緣不佳或先生健康不佳。

太陰化忌：（男命）妻緣不佳或太太健康不佳。

（女命）夫緣不佳或對待不好。

廉貞化忌：本人易為情所困。

巨門化忌：配偶嘮叨，易猜疑。

天機化忌：夫妻對待時有不順或聚少離多。

文曲化忌：易有感情困擾。

天同化忌：夫妻個性不合。

文昌化忌：婚禮不完整，或是指感情困擾。

武曲化忌：夫妻之間少有情調。

貪狼化忌：夫妻之間感情不融洽。

※ 夫妻宮有化忌，皆主為配偶付出，宜晚婚。

【子女宮】

太陽化忌：有兒子，但緣份不佳或對待不順，有時也為溺愛之現象。

太陰化忌：有女兒，但緣份不佳或對待不順，有時也為溺愛之現象。

廉貞化忌：得子遲也帶有不順。

巨門化忌：子女遲得、首胎宜注意安胎。

天機化忌：子女情緒或思考較不穩定。

文曲化忌：子女口才不好或說話易得罪人。

天同化忌：子女情緒較不穩定或個性容易偏激。

文昌化忌：子女學業表現不佳，但苦讀可成。

武曲化忌：兩代之間有疏離感。

貪狼化忌：子女做事不踏實，有粉飾其行為的現象。

※ 子女宮有化忌，皆主得子遲，也代表本人桃花運不佳。

【財帛宮】

太陽化忌：競爭得財、帶有辛苦與勞碌。
太陰化忌：辛苦得財、帶有勞心。
廉貞化忌：對財易有執著與煩惱。
巨門化忌：是非競爭之中得財。
天機化忌：財來財去，較不易守財。
文曲化忌：求財須多費唇舌。
天同化忌：求財較辛苦。
文昌化忌：文書方面需注意。
武曲化忌：勤儉、守財。
貪狼化忌：對錢財易感不足，也防桃色、賭博或不良嗜好破財。
※財帛宮有化忌，皆主個性節儉、雖辛苦得財但得大於失。

【疾厄宮】

太陽化忌：注意頭疾、眼疾、高血壓、痔瘡。

太陰化忌：注意血液循環、糖尿病、眼疾、血光或開刀、腎虧、婦女病。
廉貞化忌：注意疑難雜症、腫瘤、皮膚問題。
巨門化忌：注意胃病、氣管、氣喘、喉嚨問題。
天機化忌：注意肝膽、四肢問題或神經系統，或失眠問題。
文曲化忌：注意神經系統、併發症、腎水不足、經水不調。
天同化忌：注意泌尿系統、肝膽、膀胱、糖尿病。
文昌化忌：注意神經系統、併發症、大腸、咳嗽、便秘。
武曲化忌：注意肺經、鼻、呼吸系統。
貪狼化忌：注意肝膽、風濕、泌尿科、婦科。
※疾厄宮有化忌，皆主先天體質不好，宜注重養生與保健以避免腫瘤問題。

【遷移宮】

太陽化忌：出外勞碌、不順。
太陰化忌：出外帶有勞碌奔波。
廉貞化忌：出外易有挫折、鬱悶，需注意安全防意外傷害。

巨門化忌：出外多口舌、是非。
天機化忌：出外變動較大。
文曲化忌：出外易有口舌。
天同化忌：出外較操煩。
文昌化忌：出外注意文書問題，也防交通罰單。
武曲化忌：出外易有財務問題或為錢煩惱。
貪狼化忌：出外防酒色財氣或對錢財過度之慾望。
※遷移宮有化忌，皆主出外較不順心但不代表不能出外。

【交友宮】

太陽化忌：注意事業上的朋友或男性友人，不宜從事政治。
太陰化忌：提防受朋友拖累或損財，也防感情困擾。
廉貞化忌：提防受朋友拖累或牽連。
巨門化忌：注意口舌，朋友多怨言或背後講我是非。
天機化忌：朋友心機較深或易見利忘義。

文曲化忌：不宜幫朋友背書、作保。
天同化忌：防朋友無情無義。
文昌化忌：不宜幫朋友背書、作保。
武曲化忌：朋友易出損我財之人。
貪狼化忌：防桃色或金錢糾紛，也防損友而沾染不良習性。
※ 交友宮有化忌，皆主朋友或同事易出小人或忘恩負義之人。

【事業宮】

太陽化忌：職場帶有是非、不順，不宜從事政治。
太陰化忌：職場中女性之助力少。
廉貞化忌：易懷才不遇或與人爭鋒。
巨門化忌：是非口舌多或受人猜忌排擠。
天機化忌：職場變動大。
文曲化忌：辛勞而後有所得。
天同化忌：較無貴人、勞碌操煩。

文昌化忌：付出多、勞心，需注意文書問題。
武曲化忌：事業上人緣不佳，創業者只宜做現金生意。
貪狼化忌：不易順暢心懷，易感懷才不遇。
※事業宮有化忌，皆主工作認真但未必順心。

【田宅宮】

太陽化忌：父緣不佳或產業不易守成。
太陰化忌：可置產，但首次購屋易有不順。
廉貞化忌：可置產，但置產或得產易有不順或糾紛。
巨門化忌：家中是非多，或鄰居易出搬弄是非之人。
天機化忌：較常搬家或移動變更家中佈置。
文曲化忌：購屋需注意合約，也易有資金問題。
天同化忌：經歷辛苦而興家。
文昌化忌：購屋宜注意合約。
武曲化忌：可置產，購屋易有資金不足問題。

貪狼化忌：宜注意裝潢或家具問題。
※田宅宮有化忌，皆主家中較凌亂。

【福德宮】

太陽化忌：易因情緒而影響人際關係。
太陰化忌：易有感情或精神困擾。
廉貞化忌：勞心傷神。
巨門化忌：易有猜疑、嫉妒之心。
天機化忌：多思多慮。
文曲化忌：對興趣、嗜好執著。
天同化忌：有福不會享或較少福可享。
文昌化忌：對興趣、嗜好執著，也防偏執。
武曲化忌：個性寡歡。
貪狼化忌：難清心寡慾。
※福德宮有化忌，皆主精神領域不美。

【父母宮】

太陽化忌：父緣較薄。

太陰化忌：母緣較薄。

廉貞化忌：與父母之間紛擾多。

巨門化忌：代溝大、不易溝通。

天機化忌：主彼此關係變化大。

文曲化忌：意見易有不合。

天同化忌：得之於父母的福報較少。

文昌化忌：為父母操心。

武曲化忌：父母在金錢方面的助力較少。

貪狼化忌：父母易有私心。

※父母宮有化忌，皆孝順父母但拙於表達，也主兩代之間相處易有不順。

第五章
命宮星曜解說

「命宮」代表一個人的個性也表徵後天的整體運勢，是推論命盤的最重要宮位，命宮的對宮為遷移宮，代表在外的活動及社交，命宮的三方為財帛宮及事業宮，後天運勢的展現常與工作運及財運的順遂與否有著一定的關係。

請一併參考第二章星曜的基本性質。另外，任何宮位內有生年四化時，四化的性質常會影響星性，需一併考量。例如天同為福星，但命宮天同化忌時反而少福可享。

【紫微】

子、午宮：（對宮貪狼）——主觀強、耳根子軟、易有桃花。

丑、未宮：（破軍同宮）——耿直、孤高，具領導力及開創力，易掌權、易得財祿。

寅、申宮：（天府同宮）——主清高，但心靈易孤單，宜清貴的行業。

卯、酉宮：（貪狼同宮）——為「桃花犯主」之格局，多才藝、情慾較強、人生易有桃花或感情困擾。

辰、戌宮：（天相同宮）——處事謹慎、樂於助人，但易受人排擠。

巳、亥宮：（七殺同宮）——孤高掌權，主思想獨特、開創能力強。

※紫微＋文昌：主貴。

※紫微＋擎羊：主是非糾紛或開刀。

※紫微＋華蓋：易有宗教信仰，喜哲學或神秘事物。

※紫微＋天空：事業上有創意。

※紫微＋天馬：稱為「鑾輿」，可增加氣勢。

【天機】

子、午宮：（對宮巨門）——反應敏銳、有辯才，利於學術、著作及演說，但此生易有小人。

丑、未宮：（對宮天梁）——點子多、有謀略，孝悌六親，古書：「機梁善談兵」，喜高談闊論。

寅、申宮：（太陰同宮）——做事有條理、帶驛馬奔波性質、易離鄉發展。女命貌美，男女異性緣皆好唯內心也多感情困擾。

卯、酉宮：（巨門同宮）——反應好、易有口舌是非，做事較無恆心。

辰、戌宮：（天梁同宮）——有良好的分析力，點子多、有謀略，孝悌六親，古書：「機梁善談兵」，善詞令喜高談闊論。

巳、亥宮：（對宮太陰）——異性緣好、對異性體貼，人生多感情發展也多感情困擾。

※天機＋魁鉞：宜服務公職。

【太陽】

子宮：（對宮天梁）——子宮太陽落陷失輝，反主感情內蘊、外表不顯露，內心多有痛苦。

午宮：（對宮天梁）——「日麗中天格」有正義感、個性豪爽、開創力強。女命較男性化。

丑宮：（太陰同宮）——個性中庸、易猶豫不決或忽冷忽熱、防做事虛浮。

未宮：（太陰同宮）——個性豪爽、處事不偏激、易猶豫不決或忽冷忽熱。

寅宮：（巨門同宮）——口才好、表達能力好，有理想有魄力。

申宮：（巨門同宮）——為人不偏激但缺乏毅力。

卯宮：（天梁同宮）——卯宮旭日東升為「日照雷門格」，主人多才藝、有活力，可嶄露光芒。

酉宮：（天梁同宮）——酉宮太陽近黃昏，活力不足，晚年較為孤寂。

辰宮：（對宮太陰）——「日月並明格」為人正直、少年有成，帶驛馬奔波性質，也主感情波動。

戌宮：（對宮太陰）——「日月反背格」易離鄉發展，也主感情波動、易晚睡。

巳宮：（對宮巨門）——口才好、表達能力好，競爭之中能脫穎而出。

亥宮：（對宮巨門）——有正義感，思想獨特但不易為人理解。

※太陽＋火星：易感情用事。

※太陽＋天梁＋文昌（文曲）：貴格，利考試、學術、公職、文教。

【武曲】

子、午宮：（天府同宮）——善於賺錢及理財唯容易因財而有是非，天府的溫和可以調和武曲個性上的陽剛。

丑、未宮：（貪狼同宮）——武貪為橫發格，武貪不發少年郎，中晚年可發達，早發必破。個性堅毅有鬥志，貪狼的圓滑可以調和武曲個性上的陽剛。

寅、申宮：（天相同宮）——性剛、謹慎，主驛馬奔波、動中求財。

卯、酉宮：（七殺同宮）——敏銳而性急、處事有原則，容易因財而有是非。

辰、戌宮：（對宮貪狼）——耿直、豪爽，中晚年可發達，早發必破。

巳、亥宮：（破軍同宮）——性剛果決，主驛馬奔波、動中求財，宜研究專門技能。

※武曲＋擎羊：防詞訟、官非。

※武曲＋文曲：允文允武。

【天同】

子宮：（太陰同宮）——有異性緣、對異性溫柔體貼，易有感情困擾。「水澄桂萼」之格局，屬於文貴，可得清要之職，事業上有開創性。

午宮：（太陰同宮）——有異性緣、對異性體貼，易有感情困擾。屬於武貴，宜軍警保全，或工程人員。

丑、未宮：（巨門同宮）——口才好，也主勞碌、小人、是非、口舌。宜從事「口才」方面的行業。

寅、申宮：（天梁同宮）——溫和、有敏銳的觀察力，做事有條理，人生帶驛馬奔波。

卯、酉宮：（對宮太陰）——有異性緣、對異性溫柔體貼，易有感情困擾。

辰、戌宮：（對宮巨門）——主勞碌、小人、是非、口舌。宜從事「口才」方面的行業。

巳、亥宮：（對宮天梁）——有敏銳的觀察力、做事有條理，人生帶驛馬飄盪，女命貌美易有異性追求。

【廉貞】

子、午宮：（天相同宮）——做事認真有責任感，易有是非。

丑、未宮：（七殺同宮）——謹慎中開創、積蓄致富，人生多辛勞。

寅、申宮：（對宮貪狼）——主桃花，有才華而受異性欣賞，主驛馬，宜出遠門，重視金錢。

卯、酉宮：（破軍同宮）——做事認真有責任感，有理想抱負也有著堅忍的心，唯易有是非。

辰、戌宮：（天府同宮）——有責任感、默默的努力工作，積蓄致富、人生多辛勞。女命宜晚婚，早婚易有感情打擊。

巳、亥宮：（貪狼同宮）——主桃花，有藝術才華而受異性欣賞，主驛馬，宜出遠門，重視金錢。

【天府】

子、午宮：（武曲同宮）——善於賺錢及理財唯容易因財而有是非，天府可調和武曲的性剛。

丑、未宮：（對宮廉貞、七殺）——善守財，謹慎保守。

寅、申宮：（紫微同宮）——主清高，但心靈容易孤慮，宜清貴之行業。

卯、酉宮：（對宮武曲、七殺）——善於賺錢唯容易因財而有是非，天府可調和武曲的性剛。

辰、戌宮：（廉貞同宮）——有責任感、默默的努力工作，積蓄致富、人生多辛勞。女命宜晚婚，早婚易有感情打擊。

巳、亥宮：（對宮紫微、七殺）——聰明靈巧、多才藝，具優越感，愛惜錢財。

※天府＋文昌（文曲）：主貴。

【太陰】

子宮：（天同同宮）——有異性緣，對異性溫柔體貼，易有感情困擾、做事深思熟慮。「水澄桂蕚」之格局屬於文貴，可得清要之職，事業上有開創性。

午宮：（天同同宮）——情感豐富多幻想，對異性溫柔體貼易有感情困擾。屬於武貴，宜軍警保全，或工程人員。

丑、未宮：（太陽同宮）——個性易猶豫不決，或忽晴忽陰、忽冷忽熱。

寅宮：（天機同宮）——做事有條理但個性易猶豫。女命貌美、男女異性緣皆好唯內心不免困擾。

申宮：（天機同宮）——做事有條理、善應變、有謀略。女命貌美，男女異性緣皆好唯內心不免困擾。

卯、酉宮：（對宮天同）——有異性緣，對異性溫柔體貼易有感情困擾。

辰宮：（對宮太陽）——帶驛馬奔波勞碌性質，也主感情波動。

戌宮：（對宮太陽）——為人正直，易少年有成，唯帶驛馬奔波性質也主感情波動。

巳宮：（對宮天機）——對異性體貼，人生多感情發展也多感情困擾。易有眼疾，女命則先生比較顧外不顧內。

亥宮：（對宮天機）——「月朗天門格」做事善於計畫，對異性體貼，人生多感情發展也多感情困擾。

※太陰＋文昌（文曲）：有藝術天分。

【貪狼】

子、午宮：（對宮紫微）——有才藝、耳根子軟，易有桃花。女命，多有嗜好。

丑、未宮：（武曲同宮）——武貪為橫發格，武貪不發少年郎中晚年可發達，早發必破。

寅、申宮：（對宮廉貞）——主桃花，有才華而受異性欣賞，主驛馬，宜出遠門，重視金錢。女命，多有嗜好。

卯、酉宮：（紫微同宮）——為「桃花犯主」之格局，情慾較強，人生易有桃花或感情困擾，也主有才藝。

辰、戌宮：（對宮武曲）——耿直豪爽、有才藝，中晚年可發達，早發必破。女命宜配年長之夫。

巳、亥宮：（廉貞同宮）——主桃花，有藝術才華而受異性欣賞，主驛馬，宜出遠門，重視金錢。

※貪狼＋文昌：辛勞難免。

【巨門】

子、午宮：（對宮天機）——為「石中隱玉」之格局，有才華不外露、口才好。女命，美麗，相處久以後更覺得美麗。

丑、未宮：（天同同宮）——口才好，也主勞碌、小人、是非、口舌。宜從事「口才」方面的行業。

寅、申宮：（太陽同宮）——口才好、表達能力好，有理想有魄力。

卯、酉宮：（天機同宮）——反應好、易有口舌是非，做事較無恆心。

辰、戌宮：（對宮天同）——主勞碌、小人、是非、口舌。宜從事「口才」方面的行業。

巳、亥宮：（對宮太陽）——口才好，表達能力好，競爭中能脫穎而出。

【天相】

子、午宮：（廉貞同宮）——做事認真有責任感，易有是非。

丑、未宮：（對宮紫微、破軍）——有上進心，具領導力及開創力。

寅、申宮：（武曲同宮）——性剛、謹慎，主驛馬奔波、動中求財。

卯、酉宮：（對宮廉貞、破軍）——保守謹慎、多思慮、有服務之心，女命，溫和端莊。

辰、戌宮：（紫微同宮）——主見強、處事謹慎，名大於祿，但易受人排擠。

巳、亥宮：（對宮武曲、破軍）——性剛果決，有毅力、具開創性。

【天梁】

子宮：（對宮太陽）——聰明、觀察力好、會替人著想，但不宜鋒芒太露或過於自負。六親關係至少有一不美。

午宮：（對宮太陽）——聰明、觀察力好、會替人著想，但不宜鋒芒太露或過於自負。六親關係至少有一不美。太陽在子宮為落陷失輝、人生少了一些溫暖。『壽星入廟格』主心地光明、性情磊落。

丑、未宮：（對宮天機）——點子多、有謀略、孝悌六親。

古書：「機梁善談兵」，喜高談闊論。

寅、申宮：（天同同宮）——溫和、有敏銳的觀察力、做事有條理，人生帶驛馬奔波。

卯宮：（太陽同宮）——多才藝、有活力，可嶄露光芒。

酉宮：（太陽同宮）——有正義感，唯晚景較為孤寂。

辰、戌宮：（天機同宮）——有良好的分析力，點子多、有謀略，孝悌六親。

古書：「機梁善談兵」，善詞令。

巳、亥宮：（對宮天同）——個性較慵懶，人生多了幾分飄盪的性質。

※天梁＋文曲：辯才無礙。

【七殺】

子、午宮：（對宮武曲、天府）——有能力、個性強、有正義感，話不多、喜怒易形於色，敢做敢擔、敢愛敢恨。

丑、未宮：（廉貞同宮）——謹慎中開創，積蓄致富唯人生多辛勞。

寅、申宮：（對宮紫微、天府）——有能力、個性強，有正義感，管理能力好。

卯、酉宮：（武曲同宮）——敏銳而性急，處事有原則，容易因財而有是非。

辰、戌宮：（對宮廉貞、天府）——有能力、個性強，有正義感，不斷追求理想。

巳、亥宮：（紫微同宮）——孤高掌權，主思想獨特、開創能力強。

【破軍】

子、午宮：（對宮廉貞、天相）——個性較寡合、不服輸，具開創力能兼負責任。「英星入廟格」喜創新、有改革力。

丑、未宮：（紫微同宮）——耿直孤高，具領導力及開創力，易掌權易得財祿。

寅、申宮：（對宮武曲、天相）——性剛、謹慎，主驛馬奔波動中求財，好打抱不平。

卯、酉宮：（廉貞同宮）——做事認真有責任感，有理想抱負也有著堅忍的心，唯易有是非。

辰、戌宮：（對宮紫微、天相）——帶矛盾之性格，易志大才疏或懷才不遇。

巳、亥宮：（武曲同宮）——性剛果決，主驛馬奔波動中求財，宜研究專門技能。

※破軍＋鈴星：不宜經商。

【天魁】

俊秀、人緣好、有氣質，屬於陽貴之星，易得男性貴人（家人也算），中年前多貴人相助，中年後反主自己是別人的貴人。白天出生之人較吉。

【天鉞】

俊秀、人緣好、有氣質，屬於陰貴之星，易得女性貴人（家人也算），中年前多貴人相助，中年後反主自己是別人的貴人。晚天出生之人較吉。天魁與天鉞之貴人大多以長輩居多或平輩之中年齡稍大者。

【左輔】

耿直、靈巧、上進，重感情、喜助人。

幼年較不順，或父母之一疏於照顧。

學業有重修、重考或再度完成的現象。

婚前易有感情困擾或三角習題，婚後夫妻雙方價值觀差異大，需防第三者。

【右弼】

耿直、專制、外向、上進，重感情、喜助人。

幼年較不順，或父母之一疏於照顧。

學業有重修、重考或再度完成的現象。
婚前易有感情困擾或三角習題，婚後夫妻雙方價值觀差異大，需防第三者。

【文昌】

聰明好學，喜文藝或多方面才華，反應快、異性緣佳，喜歡美好的事物。
*文昌＋貪狼：做事顛倒，辛勞難免，有粉飾或浮誇的現象。
*文昌（文曲）＋天府：主貴。
*文昌（文曲）＋巨門：易喪志。
*文昌（文曲）＋破軍：做事顛倒，辛勞難免。
*魁鉞的聰明才華較樸實，昌曲的聰明才華較風雅。

【文曲】

聰明好學，喜技藝或多方面才華，口才好、異性緣佳，易有感情困擾，喜歡美好的事物。
*文曲＋貪狼：做事顛倒，浮華或好吹噓。
*文曲＋武曲：文武雙全。

＊文曲＋太陰：精通命理或數學計算。
＊文曲＋廉貞：宜公務人員。
＊文曲＋天梁：口才好，反應快。

【擎羊】

個性強、好勝、外向、喜掌權，帶有「刑」的性質易有外傷。
＊擎羊＋七殺：慎防意外或傷殘。
＊擎羊＋廉貞＋火星：多災禍病痛。
＊擎羊＋巨門＋火星：多災禍病痛。

【陀羅】

固執、不服輸，易有小人是非，如同一顆「化忌」星，人生不順心的感覺容易揮之不去。
＊擎羊與陀羅皆主小人，擎羊為明槍、陀羅為暗箭。
＊陀羅＋巨門：女命，感情、婚姻易有不順。

【火星】

性剛、性浮、外向，主觀較強。

＊火星＋貪狼：人生積極而進取。

＊天魁＋火星：易猶豫不決，而失去機會。

【鈴星】

性烈、性沉、內向，擇善固執。

＊鈴星＋貪狼：人生努力而有毅力。

＊鈴星＋陀羅：人生較多磨練，為暗鬥。

＊火星、鈴星夾命宮：脾氣暴躁，內心易感痛苦。

＊天魁＋鈴星：機會來時不易察覺。

【地空】

不喜傳統的約束，有前衛性的思維，往往在藝術或設計領域得以發揮。

防做事虛空。

地空常是精神面的空虛或不悅，有時也會有災禍。

【地劫】

不喜追逐潮流，有前衛性的言行，往往在藝術或設計領域得以發揮。防行事疏狂。

地劫常是物質面的損耗。

＊地空、地劫同宮（或夾命宮），人生較多波折。

【祿存】

個性耿直、上進、厚重，能吃苦耐勞。

財運好、懂得積蓄，唯精神面有孤慮感。

【天馬】

主驛馬，個性較浮動、外向，易在外奔波。

＊祿存＋天馬：「祿馬交馳格」可致富，外地得財或賺外地之財。

＊天梁＋天馬：主飄盪，少了安定感。

＊陀羅＋天馬：為跛足馬，主拖延、不順。

【天刑】

主自律、律己，能腳踏實地。

天刑入命宮，個性剛直，與命理、醫學、佛學、法律之一有緣。

＊火星＋天刑：個性過強。

【天姚】

主大方，桃花星之一。

天姚入命宮，主感情早熟、喜歡聊天，有藝術或美學的才氣。

＊天姚＋文昌（文曲）：風流自賞、有才氣。

【紅鸞】

紅鸞入命宮，個性溫和、早熟，女命秀麗或俏麗。

＊紅鸞＋天姚：異性緣佳。

【天喜】

天喜入命宮，個性溫和、早熟，女命秀麗或豔麗。

【咸池】

桃花星，主異性緣、情慾。

【大耗】

主耗財、破耗。

＊咸池＋大耗：需防因桃花或因色而惹來痲煩。

【天哭、天虛】

天哭為憂傷，天虛為空虛、憂慮。

內心較為憂鬱或思想較不開朗。

兩顆星一同出現時，現象較明顯。

【孤辰、寡宿】

個性較孤僻或精神易感孤獨。

兩顆星一同出現時，現象較明顯。

【華蓋】

個性孤高，主聰明、才藝，也主哲學和神秘學，喜文學或易有宗教信仰或接觸命理。

※華蓋＋天空（地空）：喜宗教、文學或玄學。

※華蓋＋文昌（文曲）：喜文學。

【天空】

天空主思想超脫，不易為人理解。

主人有理想，時有精妙思維與創意。

喜幻想。

※天空＋紅鸞（天喜）：平易近人、人緣好。

※天空＋天梁：言多做少。

※天空＋紫微：創意與理想較能落實。

【陰煞】

人生有小人。

個性較不開朗或陰晴不定。

第六章 兄弟宮星曜解說

「兄弟宮」代表兄弟姊妹的個性，兄弟宮的對宮為交友宮，廣義而言可代表與同事或朋友之間的緣份聚散等，兄弟宮的三方為疾厄宮及田宅宮，手足是家庭的成員，本人的脾氣、心性也影響著與手足之間的互動。

【紫微】

※紫微入兄弟宮，表示兄弟姊妹精神領域易感孤單。

子、午宮：（對宮貪狼）——兄弟姊妹主觀強，容易意見不合。
丑、未宮：（破軍同宮）——兄弟姊妹具領導力及開創力，與手足較緣薄長大宜分居。
寅、申宮：（天府同宮）——兄弟姊妹具領導能力，但個性較孤高。
卯、酉宮：（貪狼同宮）——兄弟姊妹多才藝，也易有桃花或感情困擾。
辰、戌宮：（天相同宮）——兄弟姊妹處事謹慎、厚重，樂於助人。
巳、亥宮：（七殺同宮）——兄弟姊妹孤高掌權，思想獨特、開創能力強。

【天機】

子、午宮：（對宮巨門）——兄弟姊妹反應敏銳，手足相處各有主見易有紛爭。
丑、未宮：（對宮天梁）——兄弟姊妹點子多、有謀略，喜高談闊論，手足之間能互相照應。

寅、申宮：（太陰同宮）——兄弟姊妹易離鄉發展，或彼此分居異地。

卯、酉宮：（巨門同宮）——兄弟姊妹反應好，但彼此易有爭論。

辰、戌宮：（天梁同宮）——兄弟姊妹點子多、善詞令，手足之間能互相照應。

巳、亥宮：（對宮太陰）——兄弟姊妹不易知心或聚少離多。

【太陽】

子宮：（對宮天梁）——兄弟姊妹有正義感、處事不偏激，但相處不易融洽或聚少離多。

午宮：（對宮天梁）——兄弟姊妹有正義感、個性豪爽。

丑宮：（太陰同宮）——兄弟姊妹個性中庸易猶豫不決，手足感情易有起伏或分居兩地。

未宮：（太陰同宮）——兄弟姊妹個性豪爽處事不偏激，感情不錯。

寅宮：（巨門同宮）——兄弟姊妹口才好，有理想有魄力。

申宮：（巨門同宮）——兄弟姊妹為人不偏激，但缺乏毅力。

卯宮：（天梁同宮）——兄弟姊妹多才藝、有活力，可嶄露光芒。

酉宮：（天梁同宮）——兄弟姊妹有正義感，但相處不是很和諧。

辰宮：（對宮太陰）——兄弟姊妹為人正直，彼此較融洽。

戌宮：（對宮太陰）——兄弟姊妹相處較不融洽。

巳宮：（對宮巨門）——兄弟姊妹口才好、表達能力好，唯彼此易有紛爭。

亥宮：（對宮巨門）——兄弟姊妹有正義感，思想獨特不易為人理解，手足相處易有爭端。

【武曲】

子、午宮：（天府同宮）——兄弟姊妹善於賺錢及理財。

丑、未宮：（貪狼同宮）——兄弟姊妹主觀強，較顧及其利益，相處不和諧或助力小。

寅、申宮：（天相同宮）——兄弟姊妹性剛、謹慎。

卯、酉宮：（七殺同宮）——兄弟姊妹敏銳性急，容易因財而有是非。

辰、戌宮：（對宮貪狼）——兄弟姊妹耿直豪爽，相處不和諧或助力小。

巳、亥宮：（破軍同宮）——兄弟姊妹性剛果決，手足緣薄長大宜分居。

※武曲＋火星：兄弟姊妹之間易爭吵或為錢不愉快。
※武曲＋擎羊：兄弟姊妹之間易爭財或口舌是非。

【天同】

子、午宮：（太陰同宮）——兄弟姊妹溫和，彼此和好。
丑、未宮：（巨門同宮）——兄弟姊妹口才好，表面和好但彼此易有爭辯。
寅、申宮：（天梁同宮）——兄弟姊妹有敏銳的觀察力，做事有條理，但易各自為政。
卯、酉宮：（對宮太陰）——兄弟姊妹溫和，彼此和好。
辰、戌宮：（對宮巨門）——兄弟姊妹口才好，表面和好但彼此易有爭辯。
巳、亥宮：（對宮天梁）——兄弟姊妹有敏銳的觀察力，做事有條理，但易各自為政。

【廉貞】

子、午宮：（天相同宮）——兄弟姊妹做事認真有責任感，但相處容易意見不合。
丑、未宮：（七殺同宮）——兄弟姊妹有開創力但好爭，手足感情不易融洽。
寅、申宮：（對宮貪狼）——兄弟姊妹有才華而受異性欣賞，手足相處易招怨或生嫌隙。

卯、酉宮：（破軍同宮）——兄弟姊妹做事認真，手足感情易有反覆。
辰、戌宮：（天府同宮）——兄弟姊妹努力工作，能積蓄致富，唯人生多辛勞。
巳、亥宮：（貪狼同宮）——兄弟姊妹有藝術才華而受異性欣賞，手足相處易招怨或生嫌隙。

【天府】

子、午宮：（武曲同宮）——兄弟姊妹善於賺錢及理財。
丑、未宮：（對宮廉貞、七殺）——兄弟姊妹善守財，謹慎保守。
寅、申宮：（紫微同宮）——兄弟姊妹個性較孤高，容易意見不一。
卯、酉宮：（對宮武曲、七殺）——兄弟姊妹善於賺錢及理財，容易因財而有是非。
辰、戌宮：（廉貞同宮）——兄弟姊妹努力工作能積蓄致富，唯人生多辛勞。
巳、亥宮：（對宮紫微、七殺）——兄弟姊妹個性較孤高，喜掌權。

【太陰】

子、午宮：（天同同宮）——兄弟姊妹相處和善。
丑、未宮：（太陽同宮）——兄弟姊妹個性中庸但易猶豫不決。

寅、申宮：（天機同宮）——兄弟姊妹之間感情多波動，長大宜分居或異地而居。
卯、酉宮：（對宮天同）——兄弟姊妹有異性緣，有才藝。
辰宮：（對宮太陽）——兄弟姊妹相處較不融洽。
戌宮：（對宮太陽）——兄弟姊妹為人正直，彼此較融洽。
巳宮：（對宮天機）——兄弟姊妹之間感情多波動，或手足易離鄉發展。
亥宮：（對宮天機）——兄弟姊妹聰明有智慧，手足易離鄉發展。

【貪狼】

子、午宮：（對宮紫微）——兄弟姊妹主觀強、耳根子軟，有才藝或美學素養。
丑、未宮：（武曲同宮）——兄弟姊妹主觀強，較顧及其利益，相處不和諧或助力小。
寅、申宮：（對宮廉貞）——兄弟姊妹有才華而受異性欣賞，重視金錢、易有嗜好。
卯、酉宮：（紫微同宮）——兄弟姊妹主觀強、耳根子軟，有才藝或美學素養。
辰、戌宮：（對宮武曲）——兄弟姊妹耿直豪爽、有才藝，較顧及其利益。
巳、亥宮：（廉貞同宮）——兄弟姊妹有才華而受異性欣賞，重視金錢、易有嗜好。

【巨門】

※兄弟宮有巨門，與兄弟姊妹較緣薄（價值觀差異大或聚少離多），長大後不宜同住。巨門不宜入兄弟宮，主彼此關係不融洽或觀念差異大。

子、午宮：（對宮天機）——兄弟姊妹各有主見，也容易各自發展。

丑、未宮：（天同同宮）——兄弟姊妹易有口舌、是非。

寅、申宮：（太陽同宮）——兄弟姊妹口才好，也容易有言詞上的爭執。

卯、酉宮：（天機同宮）——兄弟姊妹各有主見，也容易各自發展。

辰、戌宮：（對宮天同）——兄弟姊妹易有口舌、是非。

巳、亥宮：（對宮太陽）——兄弟姊妹口才好，但也容易有言詞上的爭執。

【天相】

子、午宮：（廉貞同宮）——兄弟姊妹做事認真有責任感，但相處容易意見不合。

丑、未宮：（對宮紫微、破軍）——兄弟姊妹有上進心，具領導力及開創力，相處和善。

寅、申宮：（武曲同宮）——兄弟姊妹性剛、謹慎，易出外發展。

卯、酉宮：（對宮廉貞、破軍）——兄弟姊妹做事認真有責任感，唯相處難免意見不合。

辰、戌宮：（紫微同宮）——兄弟姊妹主見強、處事謹慎，相處和善。

巳、亥宮：（對宮武曲、破軍）——兄弟姊妹性剛果決，相處容易意見不合。

【天梁】

子、午宮：（對宮太陽）——兄弟姊妹聰明、觀察力好，能替手足著想。

丑、未宮：（對宮天機）——兄弟姊妹點子多有謀略，能友愛手足、孝順父母。

寅、申宮：（天同同宮）——兄弟姊妹有敏銳的觀察力，表面和好但易各自為政。

卯宮：（太陽同宮）——兄弟姊妹多才藝、有活力，可嶄露光芒。

酉宮：（太陽同宮）——兄弟姊妹有正義感，但相處不是很和諧。

辰、戌宮：（天機同宮）——兄弟姊妹點子多有謀略，能友愛手足、孝順父母。

巳、亥宮：（對宮天同）——兄弟姊妹個性較慵懶，易各自為政或離鄉發展。

【七殺】

子、午宮：（對宮武曲、天府）——兄弟姊妹個性強、有正義感，話不多、喜怒易形於色。

丑、未宮：（廉貞同宮）——兄弟姊妹有開創力但好爭，手足感情不易融洽。

寅、申宮：（對宮紫微、天府）——兄弟姊妹個性強、能力好。

卯、酉宮：（武曲同宮）——兄弟姊妹敏銳性急，容易因財而有是非。

辰、戌宮：（對宮廉貞、天府）——兄弟姊妹個性強、有正義感，不斷的追求理想。

巳、亥宮：（紫微同宮）——兄弟姊妹思想獨特、開創能力強。

【破軍】

※兄弟宮有破軍，與兄弟姊妹較緣薄，長大宜分居或異地而居更吉。破軍不宜入兄弟宮，主緣薄。

子、午宮：（對宮廉貞、天相）——兄弟姊妹個性較寡合，好勝不服輸，唯做事認真。

丑、未宮：（紫微同宮）——兄弟姊妹耿直孤高，具領導力及開創力易掌權。

寅、申宮：（對宮武曲、天相）——兄弟姊妹性剛、謹慎，相處容易不合。

卯、酉宮：（廉貞同宮）——兄弟姊妹個性較寡合，好勝不服輸。

辰、戌宮：（對宮紫微、天相）——兄弟姊妹帶矛盾之性格，易志大才疏或懷才不遇。

巳、亥宮：（武曲同宮）——兄弟姊妹性剛、謹慎，相處容易不合。

※破軍＋文昌（文曲）：多勞碌。

【天魁】

兄弟姊妹俊秀、人緣好、有氣質，白天出生之人較吉。

中年以前兄弟對我有助力。

【天鉞】

兄弟姊妹清秀、人緣好、有氣質，晚上出生之人較吉。

中年以前姊妹對我有助力。

【左輔】

兄弟姊妹耿直、上進、重感情、喜助人、有才藝。

手足能隨和相處，也能互助。

※左輔＋地空：感情本好，而生突來的變化。

【右弼】

兄弟姊妹耿直、專制、外向、上進、重感情、喜助人。手足有口才及機智。彼此能互助但相處不是很隨和。

【文昌】

兄弟姊妹聰明多學、有才華、人緣好，但易口是心非。

※文昌＋擎羊（陀羅）：手足易有紛爭。

【文曲】

兄弟姊妹聰明多學、有才華、人緣好、口才好，但易口是心非。

※文曲＋地空（地劫）：易有口舌。

【擎羊】

兄弟姊妹個性強、好勝、外向、喜掌權，兄弟姊妹之間相處易有爭執、磨擦。

【陀羅】

兄弟姊妹固執、不服輸，兄弟姊妹之間相處易有不順。

【火星】

兄弟姊妹性剛、性浮、外向、主觀較強、脾氣不好，兄弟姊妹之間相處易有爭執。

【鈴星】

兄弟姊妹性烈、性沉、內向，擇善固執，兄弟姊妹之間相處易有爭執或冷戰。

【地空】

兄弟姊妹不喜傳統的約束，有前衛性的思維，手足各懷己見容易各自發展。

【地劫】

兄弟姊妹不喜追逐潮流，有前衛性的言行，手足容易各自發展或分離兩地。

【祿存】

兄弟姊妹耿直、上進、厚重，能吃苦耐勞。

※祿存不宜入兄弟宮，緣份較薄。

※祿存＋天馬：兄弟姊妹有人在外地發展。

【天馬】

主驛馬，主兄弟姊妹個性較浮動外向，也主易在外奔波。

【天刑】

與兄弟姊妹價值觀差異大，容易意見不合或話不投機。

【天姚】

兄弟姊妹個性大方，有藝術或美學的才氣。

兄弟姊妹喜歡聊天。

【紅鸞】

兄弟姊妹個性溫和早熟，互動較好。

【天喜】

兄弟姊妹個性溫和早熟，互動較好。

【咸池】

桃花星，兄弟姊妹具異性緣，或情慾較重。

【大耗】
容易因手足或朋友而耗財。

【天哭、天虛】
手足之間較不融洽。
兩顆星一起出現時，現象較明顯。

【孤辰、寡宿】
手足之間較缺乏溫馨。
兩顆星一起出現時，現象較明顯。

【華蓋】
兄弟姊妹個性較孤高，聰明有才藝。

【天空】
兄弟姊妹思想超脫不易為人理解或過於理想化。

【陰煞】
兄弟姊妹個性較不開朗。

第七章 夫妻宮星曜解說

「夫妻宮」代表配偶的個性、才華及夫妻之間的感情與緣份，夫妻宮的對宮為事業宮，「成家立業」是自古以來的價值觀，夫妻宮的三方為遷移宮及福德宮，一個人在外的活動與社交常是夫妻緣份的由來，另外，福德宮是一個人的精神生活，夫妻對待的好壞深深的影響著一個人的精神領域及生活享受。

【紫微】

※紫微入夫妻宮，代表配偶精神領域易感孤單。工作的成就與投入會影響夫妻之對待，較喜歡高雅、雍容的對象。

子、午宮：（對宮貪狼）——配偶有情趣，但意志不相投或難長期依靠，宜晚婚。

丑、未宮：（破軍同宮）——配偶具領導力及開創力，婚姻易有波折或喜各自為政。

寅、申宮：（天府同宮）——配偶能力好，但婚姻易有苦衷或精神易感孤寂。

卯、酉宮：（貪狼同宮）——配偶多才藝有情趣，本人須防桃花或易有感情困擾，宜晚婚。

辰、戌宮：（天相同宮）——配偶處事謹慎、厚重，夫妻可相互扶助但未必情濃，宜晚婚。

巳、亥宮：（七殺同宮）——配偶孤高、思想獨特、開創能力強，配偶喜掌權。

【天機】

※天機入夫妻宮，配偶感情細膩敏感，易任性、焦慮。

子、午宮：（對宮巨門）——配偶反應敏銳，易有口舌紛擾。

丑、未宮：（對宮天梁）——配偶聰明、反應快，婚姻難免有波折但可克服。

寅、申宮：（太陰同宮）——感情帶有波動性或彼此聚少離多。

卯、酉宮：（巨門同宮）——婚前易有波折，婚後易有口舌或不易契合。

辰、戌宮：（天梁同宮）——配偶聰明、反應快，婚姻難免有波折但可克服。

巳、亥宮：（對宮太陰）——配偶不易知心，感情容易有波折。

【太陽】

※太陽入夫妻宮，配偶常因工作關係而認識，婚後配偶宜上班。

子宮：（對宮天梁）——配偶喜挑剔。

午宮：（對宮天梁）——配偶有正義感、個性豪爽。

丑宮：（太陰同宮）——配偶個性中庸、易猶豫不決，感情易有波折。

未宮：（太陰同宮）——配偶個性大方，但感情易有波折。
寅宮：（巨門同宮）——配偶表達能力好，有理想有魄力，有異國戀曲的可能。
申宮：（巨門同宮）——配偶表達能力好，但缺乏毅力，有異國戀曲的可能。
卯宮：（天梁同宮）——配偶多才藝、有活力，可嶄露光芒。
酉宮：（天梁同宮）——配偶有正義感，但助力不大。
辰宮：（對宮太陰）——配偶為人正直，彼此較融洽。
戌宮：（對宮太陰）——配偶相處較不融洽。
巳宮：（對宮巨門）——配偶口才好表達能力強，彼此會競爭。
亥宮：（對宮巨門）——配偶有正義感，思想獨特不易為人理解，易有爭端。
＊太陽＋擎羊（陀羅）：熱情容易歸於平淡。

【武曲】

※武曲入夫妻宮，婚後配偶宜上班，夫妻年齡不宜太接近。
子、午宮：（天府同宮）——配偶善於賺錢及理財，處事有原則，女性易逢有家室者追求。

丑、未宮：（貪狼同宮）——配偶個性堅毅有鬥志，有才藝。
寅、申宮：（天相同宮）——配偶性剛、謹慎，缺乏情調。
卯、酉宮：（七殺同宮）——配偶敏銳性急、掌權，缺乏情調。
辰、戌宮：（對宮貪狼）——配偶耿直豪爽、有才藝、具異性緣。
巳、亥宮：（破軍同宮）——配偶性剛果決、少有情調，婚姻華而不實。（男命）有畏妻的傾向。
※武曲＋火星：夫妻之間易爭執，容易感到孤獨。
※武曲＋擎羊：夫妻之間易爭執。
※武曲＋天姚：宜自由戀愛。

【天同】

※天同入夫妻宮，女命配偶溫和，男命配偶秀麗。
子、午宮：（太陰同宮）——配偶溫和，但易有感情困擾。
丑、未宮：（巨門同宮）——配偶口才好，有口舌或波折。
寅、申宮：（天梁同宮）——配偶做事有條理，能持家。

卯、酉宮：（對宮太陰）——配偶溫和，彼此能和好。
辰、戌宮：（對宮巨門）——配偶口才好，易有爭辯或多勞碌。
巳、亥宮：（對宮天梁）——配偶做事有條理能持家，防親家不和。
※天同＋四煞星：情感不易踏實，易有感情困擾。

【廉貞】

※廉貞入夫妻宮宜晚婚，婚後夫妻宜共同參加社交活動。
子、午宮：（天相同宮）——配偶做事認真有責任感，雖感情好但易有是非。
丑、未宮：（七殺同宮）——配偶謹慎中開創，積蓄致富，唯人生多辛勞。
寅、申宮：（對宮貪狼）——配偶有才華而受異性欣賞，易為錢生嫌隙。
卯、酉宮：（破軍同宮）——配偶做事認真有責任感，唯相處不易和諧。
辰、戌宮：（天府同宮）——配偶善交際，能積蓄致富。
巳、亥宮：（貪狼同宮）——配偶有藝術才華而受異性欣賞，本人多豔遇。
※廉貞＋四煞星：宜晚婚，感情多紛爭。

【天府】

※天府入夫妻宮可遇到幸運的對象。

子、午宮：（武曲同宮）——配偶有工作能力，善於賺錢及理財，女性易逢有家室者追求。

丑、未宮：（對宮廉貞、七殺）——配偶善守財、賢慧。

寅、申宮：（紫微同宮）——配偶能力好，但婚姻易有苦衷或精神易感孤寂。

卯、酉宮：（對宮武曲、七殺）——配偶善於賺錢及理財，能互相扶持。

辰、戌宮：（廉貞同宮）——配偶努力工作，能積蓄致富，唯人生多辛勞。

巳、亥宮：（對宮紫微、七殺）——配偶精明能幹、愛惜錢財。

※天府＋四煞星：內心會有不滿。

【太陰】

※太陰入夫妻宮，女命主先生細心多情，唯多異性緣；男命配偶溫柔美麗，但具猜疑心。

子、午宮：（天同同宮）——配偶有異性緣，對感情易猜疑。

丑、未宮：（太陽同宮）——配偶個性中庸，易猶豫不決或忽冷忽熱。
寅、申宮：（天機同宮）——易有感情困擾。
卯宮：（對宮天同）——本人異性緣好，對異性溫柔體貼而有感情困擾，夫妻易聚少離多。
酉宮：（對宮天同）——本人異性緣好，對異性溫柔體貼而易有感情困擾。
辰宮：（對宮太陽）——與配偶相處較不融洽或有挫折。
戌宮：（對宮太陽）——配偶為人正直，彼此較融洽。
巳宮：（對宮天機）——本人對異性體貼，人生多感情發展也多感情困擾。女命，先生比較顧外不顧內。
亥宮：（對宮天機）——配偶富裕，本人對異性體貼，人生多感情發展也多感情困擾。
※太陰＋文昌（文曲）：配偶貌美。
※太陰＋文昌＋文曲：因配偶而貴或得財。
※太陰＋地空（地劫）：易聚少離多。

【貪狼】

※貪狼入夫妻宮宜遲婚。

婚後夫妻宜共同參加社交活動，夫妻之間宜相差五歲（含）以上。

子、午宮：（對宮紫微）——配偶有情趣，但意志不相投或難長期依靠，宜晚婚。

丑、未宮：（武曲同宮）——配偶有才藝、具異性緣。

寅、申宮：（對宮廉貞）——配偶有才華而受異性欣賞，易為錢生嫌隙。

卯、酉宮：（紫微同宮）——配偶多才藝有情趣，本人須防桃花或易有感情困擾，宜晚婚。

辰、戌宮：（對宮武曲）——配偶耿直豪爽，有才藝。

巳、亥宮：（廉貞同宮）——配偶有藝術才華而受異性欣賞，本人多豔遇。

※ 貪狼＋天魁（天鉞）：配偶俊美。

【巨門】

※ 夫妻宮有巨門，與配偶較緣薄（價值觀差異大或聚少離多），初戀難結合，宜晚婚。

子、午宮：（對宮天機）——配偶有才華、口才好。

丑、未宮：（天同同宮）——配偶口才好，有口舌或波折。

寅、申宮：（太陽同宮）——配偶口才好，表達能力好，做事明確，有異國戀曲的可能。

卯、酉宮：（天機同宮）——配偶反應好，婚前易有波折，婚後易有口舌或不易契合。

辰、戌宮：（對宮天同）——夫妻易有爭辯或多勞碌。

巳、亥宮：（對宮太陽）——配偶思想獨特不易為人理解，易有爭端或與配偶家庭不和。

※巨門＋四煞星：易有口舌是非、疏離。

【天相】

※天相入夫妻宮，（女命）宜配年長之夫，（男命）配偶可相夫教子。

子、午宮：（廉貞同宮）——配偶做事認真有責任感，唯人生易有是非。

丑、未宮：（對宮紫微、破軍）——配偶有上進心，具領導力及開創力，夫妻互相敬重。

寅、申宮：（武曲同宮）——配偶性剛、謹慎，主驛馬奔波。

卯、酉宮：（對宮廉貞、破軍）——配偶保守謹慎、多思慮，夫妻志趣不相投。

辰、戌宮：（紫微同宮）——宜晚婚，配偶主見強、志氣高，夫妻互相敬重。

巳、亥宮：（對宮武曲、破軍）——配偶性剛果決，有毅力、具開創性，有口舌。

※天相＋祿存：得配偶之財。

※天相＋左輔（右弼）：感情多困擾或波折。

※天相＋文昌（文曲）：感情多困擾或波折。

【天梁】

※夫妻宮有天梁星，對象常是年齡比自己大者，配偶善解人意、會照顧人。

天梁入夫妻宮，婚前易有阻力波折，可化解。

子、午宮：（對宮太陽）——配偶聰明、觀察力好，會替人著想喜助人。

丑、未宮：（對宮天機）——配偶聰明、反應快，婚姻難免有波折但可克服。

寅、申宮：（天同同宮）——配偶有敏銳的觀察力、做事有條理，人生帶驛馬。

卯宮：（太陽同宮）——配偶多才藝、有活力，可嶄露光芒有助力。

酉宮：（太陽同宮）——配偶會照顧人，唯晚景較為孤寂。

辰、戌宮：（天機同宮）——配偶聰明、反應快，婚姻難免有波折但可克服。

巳、亥宮：（對宮天同）——易有婚姻感情困擾，人生多了幾分飄盪的性質。

【七殺】

※夫妻宮有七殺星，容易表面和諧而內心不滿。

子、午宮：（對宮武曲、天府）——配偶個性強、有正義感，話不多喜怒易形於色。

丑、未宮：（廉貞同宮）——配偶謹慎中開創，能積蓄致富唯人生多辛勞。

寅、申宮：（對宮紫微、天府）——配偶個性強、有正義感，本人婚前多感情發展或心猿意馬。

卯、酉宮：（武曲同宮）——配偶敏銳性急、處事有原則，唯容易因財而有是非。

辰、戌宮：（對宮廉貞、天府）——配偶有能力、個性強，不斷追求理想，防不和諧。

巳、亥宮：（紫微同宮）——配偶孤高掌權，主思想獨特、開創能力強。

【破軍】

※夫妻宮有破軍，與配偶較緣薄，晚婚為宜。男命，妻宜年長會有幫夫運。

破軍入夫妻宮，配偶支配慾較強。

子、午宮：（對宮廉貞、天相）——配偶個性較寡合，不服輸支配慾較強。

丑、未宮：（紫微同宮）——配偶具領導力及開創力，婚姻易有波折或喜各自為政。

寅、申宮：（對宮武曲、天相）——婚姻易有波折或聚少離多。

卯、酉宮：（廉貞同宮）——配偶做事認真有責任感，唯相處不易和諧。

辰、戌宮：（對宮紫微、天相）——配偶帶矛盾之性格，易志大才疏或懷才不遇，易意氣用事。

巳、亥宮：（武曲同宮）——配偶性剛果決、少有情調，婚姻華而不實。

※破軍＋四煞星：個性或興趣容易不合。

※破軍＋地空（地劫）：夫妻有緣未必有情。

【天魁】

配偶俊秀，人緣好、有氣質，配偶氣質好具貴氣之美。

【天鉞】

配偶清秀，人緣好、有氣質，配偶氣質好具貴氣之美。

※天魁＋天鉞（夾夫妻宮）：得自配偶或其家庭之助力。

【左輔】

配偶耿直、靈巧、上進、重感情、喜助人、隨和、有才藝。本人婚前易有三角習題，婚後仍須注意第三者介入家庭。如配偶是再婚者，有時反而為吉。

【右弼】

配偶耿直、專制、外向、上進、重感情、喜助人。本人婚前易有三角習題，婚後仍需注意第三者介入家庭。如配偶是再婚者，有時反而為吉。

【文昌】

配偶聰明好學，喜文藝或多方面才華，反應快、人緣好，心細、喜歡美好的事物。

【文曲】

配偶聰明好學，喜技藝或多方面才華，口才好、人緣好，唯易有感情困擾，喜歡美好的事物。

※文昌＋文曲：配偶溫柔體貼。

【擎羊】

配偶個性強、好勝、外向、喜掌權，夫妻之間相處易有激烈磨擦。

【陀羅】

配偶固執、不服輸，容易感到不順心，夫妻之間相處易有激烈磨擦，家庭易有是非。

【火星】

配偶性剛、性浮、外向，主觀較強、脾氣不好，夫妻之間相處易有爭執。

【鈴星】

配偶性烈、性沉、內向，擇善固執。

夫妻之間相處易有爭執或冷戰。

【地空】

配偶不喜傳統的約束，有前衛性的思維，婚後感情趨淡。

【地劫】

配偶不喜追逐潮流，也不喜受到約束，夫妻感情有所波折。

【祿存】

配偶耿直、上進、厚重，能吃苦耐勞。唯配偶精神面易感孤寂。

【天馬】

主驛馬，主配偶個性較浮動外向。

【天刑】

與配偶人生觀、價值觀差異大，容易話不投機或意見不合。

【天姚】

配偶貌美或俊秀。

夫妻皆人緣好，異性緣也好。

【紅鸞】

配偶個性溫和早熟，（男命）配偶秀麗。

【天喜】

配偶個性溫和早熟，（男命）配偶秀麗冷豔。

【咸池】

桃花星，主情慾。

【大耗】

配偶花費多或錢財影響感情。

【天哭、天虛】

夫妻之間較缺乏之溫馨。兩顆星一同出現時，現象較明顯。

【孤辰、寡宿】

配偶精神面較孤虛。兩顆星一同出現時，現象較明顯。

【華蓋】

配偶個性較孤高，也主文學、才藝、哲學或易有宗教信仰。

【天空】

配偶思想超脫、有奇妙思維，有理想但也易有幻想。

【陰煞】

配偶個性較不開朗。

第八章 子女宮星曜解說

「子女宮」代表子女的個性、才華及與子女緣份的厚薄，子女宮的對宮為田宅宮，反映的是家庭的制度與成員，子女宮的三方為父母宮及交友宮，小孩的成長與父母息息相關，也會因同學及交友的好壞，影響人生的發展。

【紫微】

※紫微入子女宮，表示子女較志高心傲、精神領域易感孤單。

子、午宮：（對宮貪狼）——子女主觀強，喜聽好聽話，有才藝。

丑、未宮：（破軍同宮）——子女具領導力及開創力，個性耿直但容易不按牌理出牌。

寅、申宮：（天府同宮）——子女優秀、有才華，但心靈較孤單。

卯、酉宮：（貪狼同宮）——子女多才藝。

辰、戌宮：（天相同宮）——子女厚重但固執。

巳、亥宮：（七殺同宮）——子女思想獨特、開創能力強，內心易有孤單的感覺。

【天機】

子、午宮：（對宮巨門）——子女反應敏銳、有辯才。

丑、未宮：（對宮天梁）——子女點子多、有謀略，喜高談闊論，能孝順父母、友愛兄弟姊妹。

寅、申宮：（太陰同宮）——子女較好動，長大易離鄉發展。

卯、酉宮：（巨門同宮）——子女反應好，但彼此易有口舌是非。

辰、戌宮：（天梁同宮）——子女聰明反應快，能孝順父母、友愛兄弟姊妹。

巳、亥宮：（對宮太陰）——子女較好動，有內涵。

【太陽】

子宮：（對宮天梁）——子女有正義感，處事不偏激。

午宮：（對宮天梁）——子女有正義感、個性豪爽，但易華而不實。

丑宮：（太陰同宮）——子女個性中庸、易猶豫不決。

未宮：（太陰同宮）——子女個性豪爽，處事不偏激，易猶豫不決。

寅宮：（巨門同宮）——子女口才好，有理想有魄力。

申宮：（巨門同宮）——子女為人不偏激，但缺乏毅力。

卯宮：（天梁同宮）——子女多才藝、有活力，可嶄露光芒。

酉宮：（天梁同宮）——子女有正義感。

辰宮：（對宮太陰）——子女為人正直，個性易猶豫不決。
戌宮：（對宮太陰）——子女個性中庸，但易猶豫不決。
巳宮：（對宮巨門）——子女口才好、表達能力好。
亥宮：（對宮巨門）——子女有正義感，思想獨特不易為人理解，相處易有爭端。

【武曲】

子、午宮：（天府同宮）——子女個性剛強，重視金錢。
丑、未宮：（貪狼同宮）——子女個性堅毅有鬥志，有才藝。
寅、申宮：（天相同宮）——子女個性剛強、處事謹慎。
卯、酉宮：（七殺同宮）——子女敏銳性急，容易因財而有是非，常是剖腹生產。
辰、戌宮：（對宮貪狼）——子女耿直豪爽，有才藝。
巳、亥宮：（破軍同宮）——子女性剛果決，兩代之間易有代溝。

【天同】

※天同入子女宮，表示子女較懂得享樂、缺乏鬥志。
子、午宮：（太陰同宮）——子女溫和，感情和好。

丑、未宮：（巨門同宮）——子女口才好，彼此易有爭辯。
寅、申宮：（天梁同宮）——子女溫和、觀察力好。
卯、酉宮：（對宮太陰）——子女溫和，容易情緒化。
辰、戌宮：（對宮巨門）——子女口才好，但彼此易有爭辯。
巳、亥宮：（對宮天梁）——子女有敏銳的觀察力，做事有條理。

【廉貞】

子、午宮：（天相同宮）——子女做事認真有責任感，雖感情好但易有是非。
丑、未宮：（七殺同宮）——子女謹慎中開創，能積蓄致富唯人生多辛勞。
寅、申宮：（對宮貪狼）——子女有才華也容易受異性欣賞。
卯、酉宮：（破軍同宮）——子女做事認真有責任感，唯相處易有是非。
辰、戌宮：（天府同宮）——子女努力工作，能積蓄致富唯人生多辛勞。
巳、亥宮：（貪狼同宮）——子女有藝術才華而受異性欣賞。

【天府】

子、午宮：（武曲同宮）——子女個性剛強，重視金錢。

丑、未宮：（對宮廉貞、七殺）——子女個性較謹慎保守，較節儉。
寅、申宮：（紫微同宮）——子女優秀、有才華，但心靈較孤單。子女孝順。
卯、酉宮：（對宮武曲、七殺）——子女善於賺錢及理財，防因財而有是非。
辰、戌宮：（廉貞同宮）——子女努力工作，能積蓄致富唯人生多辛勞。
巳、亥宮：（對宮紫微、七殺）——子女思想獨特、開創能力強，內心易有孤單的感覺。

【太陰】

子、午宮：（天同同宮）——子女溫和，感情和好。
丑、未宮：（太陽同宮）——子女個性易猶豫不決或忽晴忽陰。
寅、申宮：（天機同宮）——子女好動、相處容易有代溝。
卯、酉宮：（對宮天同）——子女溫和，容易情緒化。
辰宮：（對宮太陽）——子女個性中庸，但易猶豫不決。
戌宮：（對宮太陽）——子女為人正直，但易猶豫不決。
巳宮：（對宮天機）——子女聰明好動，人生多感情發展也易有感情困擾，易離鄉發展。

亥宮：（對宮天機）——子女好動，人生多感情發展也易有感情困擾，易離鄉發展。

【貪狼】

子、午宮：（對宮紫微）——子女主觀強，喜聽好聽話，有才藝。

丑、未宮：（武曲同宮）——子女個性堅毅有鬥志，有才藝。

寅、申宮：（對宮廉貞）——子女有才華也容易受異性欣賞，易離鄉發展。

卯、酉宮：（紫微同宮）——子女多才藝。

辰、戌宮：（對宮武曲）——子女耿直豪爽，有才藝。

巳、亥宮：（廉貞同宮）——子女有才華也容易受異性欣賞，易離鄉發展。

【巨門】

※子女宮有巨門，先得女再得男的機率較高。與子女較緣薄（價值觀差異大或聚少離多）。

子、午宮：（對宮天機）——子女有才華而不外露，口才好。

丑、未宮：（天同同宮）——子女口才好，也易有是非、口舌。

寅、申宮：（太陽同宮）——子女口才好、表達能力好，有理想有魄力。
卯、酉宮：（天機同宮）——子女反應好，易有口舌、是非，做事較無恆心。
辰、戌宮：（對宮天同）——子女口才好，但彼此易有爭辯。
巳、亥宮：（對宮太陽）——子女口才好、表達能力好，競爭之中能脫穎而出。

【天相】

子、午宮：（廉貞同宮）——子女做事認真有責任感，雖感情好但易有是非。
丑、未宮：（對宮紫微、破軍）——子女有上進心，具領導力及開創力。
寅、申宮：（武曲同宮）——子女個性剛強、處事謹慎。
卯、酉宮：（對宮廉貞、破軍）——子女溫和、端莊、保守、謹慎、多思慮。
辰、戌宮：（紫微同宮）——子女主見強、處事謹慎，唯易受人排擠。
巳、亥宮：（對宮武曲、破軍）——子女性剛果決，有毅力、具開創性。

【天梁】

子、午宮：（對宮太陽）——子女聰明、觀察力強，會替人著想，喜助人。
丑、未宮：（對宮天機）——子女聰明、點子多，喜高談闊論，能孝順父母、友愛兄弟姊妹。

寅、申宮：（天同同宮）——子女有敏銳的觀察力，做事有條理。

卯宮：（太陽同宮）——子女多才藝、有活力，可嶄露光芒。

酉宮：（太陽同宮）——子女有正義感，觀察力好。

辰、戌宮：（天機同宮）——子女分析能力好，有謀略、善詞令，能孝順父母、友愛兄弟姊妹。

巳、亥宮：（對宮天同）——子女個性較疏懶，人生多了幾分飄盪的性質。

【七殺】

子、午宮：（對宮武曲、天府）——子女個性強、有正義感，話不多，喜怒易形於色。

丑、未宮：（廉貞同宮）——子女謹慎中開創，能積蓄致富唯人生多辛勞。

寅、申宮：（對宮紫微、天府）——子女個性強、有正義感，管理能力好。

卯、酉宮：（武曲同宮）——子女敏銳性急，容易因財而有是非，常是剖腹生產。

辰、戌宮：（對宮廉貞、天府）——子女有能力、個性強、有正義感，不斷追求理想。

巳、亥宮：（紫微同宮）——子女主思想獨特、開創能力強，個性略帶孤高。

【破軍】

※子女宮有破軍，子女幼年較難養，也代表子女思想獨特常不按牌理出牌。

子、午宮：（對宮廉貞、天相）——子女個性較寡合，不服輸，能兼負責任。

丑、未宮：（紫微同宮）——子女耿直孤高，具領導力及開創力。

寅、申宮：（對宮武曲、天相）——子女性剛、謹慎，好打抱不平。

卯、酉宮：（廉貞同宮）——子女做事認真有責任感，個性堅毅、有理想抱負。

辰、戌宮：（對宮紫微、天相）——子女有志向，但需防志高才疏。

巳、亥宮：（武曲同宮）——子女性剛果決，兩代之間易有代溝。

【天魁】

子女聰明俊秀，人緣好、有氣質、孝順。

【天鉞】

子女聰明清秀，人緣好、有氣質、孝順。

【左輔】

子女耿直、靈巧、上進，重感情、喜助人。個性隨和有才藝。

子女得力，可以興家。

【右弼】

子女耿直、專制、外向、上進，重感情、喜助人。有口才及機智。

子女得力，可以興家。

【文昌】

子女聰明好學，喜文藝或多方面才華，反應快、人緣好，喜歡美好的事物。

※ 文昌＋四煞星：子女較虛華。

【文曲】

子女聰明好學，喜技藝或多方面才華，口才好、人緣好，喜歡美好的事物。

※文曲＋四煞星：子女較虛華。

【擎羊】

子女個性強、好勝、外向、喜掌權，容易堅持己見。

【陀羅】

子女固執、不服輸、容易感到不順心，管教上也易有不順。

【火星】

子女性剛、性浮、外向、性急，主觀較強。

子女有孤獨感，兩代之間相處易有爭執。

【鈴星】

子女性烈、性沉、內向，擇善固執。

子女有孤獨感，兩代之間相處易有爭執，或子女易用行為表達其心中的不悅。

【地空】

子女不喜傳統的約束，有前衛性的思維，往往在藝術或設計領域得以發揮。防做事虛空。

【地劫】

子女不喜追逐潮流，有前衛性的言行，往往在藝術或設計領域得以發揮。防行事疏狂。

【祿存】

子女耿直、上進、厚重，能吃苦耐勞。子女善守財。

子女精神面易感孤虛，需家人多陪伴。

【天馬】

子女個性較浮動外向。

※天馬＋天刑：子女健康不佳，較多災病。

【天刑】

與子女價值觀差異大，容易溝通不良或意見不合。

【天姚】

子女個性大方，喜歡聊天，有藝術或美學的才氣。

【紅鸞】

子女個性溫和、早熟，女兒則秀美俏麗。

【天喜】

子女個性溫、早熟，女兒則秀麗冷豔。

【天哭、天虛】

子女內心較憂鬱或思想較不開朗。

兩顆星一同出現時，現象較明顯。

【孤辰、寡宿】

子女個性較孤僻或精神易感孤獨。
兩顆星一同出現時，現象較明顯。

【華蓋】

子女個性較孤高，主聰明才藝，也主文學、哲學和神秘。

【天空】

子女思想超脫，理想高也容易幻想，不易為人理解。

【陰煞】

子女個性較不開朗。

8.1 星曜之桃花性質論述

子女宮可以用來看「本人」的桃花緣及其內涵。

桃花的正確解釋為「異性緣」，未必都是男女私情。

【紫微星】

為人緣桃花，工作的成就與投入會影響桃花之際遇，較喜歡高雅、雍容的對象。

【天機】

天機為驛馬星，桃花易見異思遷（定性不足）或多變動。

天機星為兄弟主，桃花對象多為平輩。

【太陽】

太陽為官祿主，桃花的性質大多為工作或交際應酬的桃花，甚至譜出一段戀情。

【武曲】

寡宿之星，少了浪漫。較不會主動拈花惹草，異性緣差了一些。

【天同】

人緣很好的桃花，通常會有交網友的傾向。

【廉貞】

遇到喜歡的對象，會積極的追求、爭取。透過參加社交活動，會有較多的機會。

【天府】

人緣桃花，常可遇到幸運的對象，也較重視浪漫的氛圍。

【太陰】

女命，主本人溫柔、秀麗，人緣好，易有追求者。男命，有女人緣，較喜歡溫柔、美麗的對象。

【貪狼】

對男女交往，持較大方、開放的態度。

社交活動或才藝的展現，常能吸引異性及增加邂逅的機會。

若是貪狼化忌，宜注意桃花的拖累或糾纏。

【巨門】

男女交往的過程中容易有口舌，也容易有猜疑心。

【天相】

屬於人緣桃花，容易被人欣賞與青睞。

【天梁】

容易遇到善解人意、會照顧自己的對象。

【七殺】

多屬於社交場合認識的桃花，敢愛敢愛的型態。

【破軍】

桃花華而不實，多變動、不持久。

【左輔】／【右弼】

在幫助人或受人幫助的過程中，桃花容易因而滋生。易有三角關係，在抉擇上有左右為難的困惑。

【文昌】／【文曲】

屬於人緣桃花，有風情，文昌的桃花較少不良後果，文曲的桃花浪漫但易有感情困擾。

【天魁】／【天鉞】

能遇到氣質好或具貴氣之美的對象。

【擎羊】

喜歡英俊或豔麗的對象，相處較缺乏溫柔。

【陀羅】

桃花運不順，防是非或糾纏之現象。

【火星】

熱情而急躁、男女相處易有爭執。

【鈴星】

擇善固執、男女相處易有爭執。

【地空】

注重精神滿足、喜幻想。

【地劫】

易有波折，防桃花破財或情慾傷身。

【咸池】

桃花星，主情慾。

【大耗】

防桃花耗財或有損健康。

※ 咸池＋大耗：需防因桃花或因色而惹來麻煩。

【紅鸞】／【天喜】

人緣桃花，異性緣好、感情早熟。

第九章 財帛宮星曜解說

「財帛宮」代表賺錢的能力及機會、理財的態度，財帛宮的對宮為福德宮，福德宮代表一個人的精神領域及生活享受，物質與精神是互相影響的，財帛宮的三方為命宮及事業宮，命宮為個性及後天的運勢，一個人的工作、個性與運勢常是影響財富多寡的主要因素。

【紫微】

紫微入財帛宮，一般而言金錢較不缺乏。

子、午宮：（對宮貪狼）——宜以才藝或冷門技能求財，適當經營人脈及參與社交活動。

丑、未宮：（破軍同宮）——歷經波折而後得財，有偏財運但需防過度貪心。

寅、申宮：（天府同宮）——能積蓄致富，理財保守穩健。

卯、酉宮：（貪狼同宮）——財的來源較多方面但也容易揮霍，逢六煞星需防桃花破財。

辰、戌宮：（天相同宮）——歷經波折而後得財，有偏財運或人生有突然發達的機遇。

巳、亥宮：（七殺同宮）——賺錢及理財比較積極，但宜注意環境變動之風險。

【天機】

天機星入財帛宮，一般而言錢財不易積蓄。

子、午宮：（對宮巨門）——勞心勞力或多費唇舌以求財，有財但難積蓄。

丑、未宮：（對宮天梁）——用頭腦賺錢，宜避免與人爭執詞訟。

寅、申宮：（太陰同宮）——奔波求財，常為財來財去之現象。

卯、酉宮：（巨門同宮）——競爭求財或多費唇舌而得財，也防口舌是非。

辰、戌宮：（天梁同宮）——勞心費神以求財，能善用頭腦或取巧。

巳、亥宮：（對宮太陰）——不易聚財，錢財流通起伏大。

＊天機＋四煞星：不易守財。

【太陽】

子宮：（對宮天梁）——子宮太陽落陷，勞心費力，容易財來財去。

午宮：（對宮天梁）——午宮太陽入廟，憑藉工作或名氣可得財，但經濟負擔也大。

丑、未宮：（太陰同宮）——財先散後聚，勞碌中得財。

寅、申宮：（巨門同宮）——憑口舌以求財，花錢較大方。

卯、酉宮：（天梁同宮）——主動爭財，社會地位常決定財富之多寡。
辰、戌宮：（對宮太陰）——帶驛馬性質，主奔波勞碌而得財。
巳、亥宮：（對宮巨門）——宜以口才求財或競爭之中得財，防理想過高。

【武曲】

武曲星入財帛宮，一般而言善於賺錢及理財。
子、午宮：（天府同宮）——有財運，能賺錢也善於理財。
丑、未宮：（貪狼同宮）——易得偏財或偏門生意，武貪為橫發格人生容易橫發橫破。
寅、申宮：（天相同宮）——動中求財或以專業技能得財。
卯、酉宮：（七殺同宮）——積極求財但不善積蓄，不宜投機。
辰、戌宮：（對宮貪狼）——經辛苦而有財，容易過度花費或交際應酬多。
巳、亥宮：（破軍同宮）——動中求財、勇於投資，財運起伏大容易財來財去。
＊武曲＋擎羊（陀羅）：容易因財而有是非、糾紛。

【天同】

天同星入財帛宮，一般而言中年以後財運較安定。

子、午宮：（太陰同宮）——易有不勞而獲之財，也有白手興家之能。

丑、未宮：（巨門同宮）——收入較不穩定，不善積蓄。

寅、申宮：（天梁同宮）——善於觀察賺錢機會、財運較豐足。

卯、酉宮：（對宮太陰）——有生財之能，也有偏財運。

辰、戌宮：（對宮巨門）——收入較不穩動，不易積蓄。

巳、亥宮：（對宮天梁）——善於觀察賺錢機會、財運較豐足。

【廉貞】

廉貞星入財帛宮，一般而言主競爭之中得財。

子、午宮：（天相同宮）——主富足，但易有是非。

丑、未宮：（七殺同宮）——行動之中得財，能致富但辛勞難免。

寅、申宮：（對宮貪狼）——容易財來財去，重近利，逢六煞星宜防桃花破財。

卯、酉宮：（破軍同宮）——勞碌之中得財，錢財起伏大、易有破耗。

辰、戌宮：（天府同宮）——有責任感，默默的努力工作，能積蓄致富唯人生多辛勞。

巳、亥宮：（貪狼同宮）——宜賺藝術或冷門財，容易財來財去，逢六煞星宜防桃花或投機破財。

【天府】

天府星入財帛宮，一般而言可積蓄致富。

子、午宮：（武曲同宮）——善於賺錢及理財，逢六煞星則容易因財而有是非。

丑、未宮：（對宮廉貞、七殺）——善守財，謹慎保守。

寅、申宮：（紫微同宮）——積蓄致富，理財較保守。

卯、酉宮：（對宮武曲、七殺）——善於賺錢及理財，容易因財而有是非。

辰、戌宮：（廉貞同宮）——有責任感，默默的努力工作，積蓄致富，唯人生多辛勞。

巳、亥宮：（對宮紫微、七殺）——愛惜錢財能積蓄致富。

＊天府＋擎羊（陀羅）：容易因錢財而有是非紛爭。

＊天府＋地劫（地空）：得財後也易有花費。

【太陰】

太陰星入財帛宮，一般而言主富裕。

子、午宮：（天同同宮）——易有不勞而獲之財，能靠頭腦賺錢。

丑、未宮：（太陽同宮）——財先散後聚，勞碌中得財。
寅、申宮：（天機同宮）——奔波求財，錢財起伏大、容易財進財出。
卯、酉宮：（對宮天同）——有生財之能，也有偏財運。
辰、戌宮：（對宮太陽）——帶驛馬性質，主勞碌奔波得財。
巳、亥宮：（對宮天機）——奔波求財，錢財起伏大、容易財進財出。

【貪狼】

貪狼星入財帛宮，賺錢的慾望較強。
子、午宮：（對宮紫微）——宜以才藝或冷門技能求財，適當經營人脈及參與社交活動。
丑、未宮：（武曲同宮）——易得偏財或偏門生意，武貪為橫發格人生容易橫發橫破。
寅、申宮：（對宮廉貞）——容易財來財去，逢六煞星宜防桃花破財。
卯、酉宮：（紫微同宮）——財的來源較多方面，但也需防揮霍，逢六煞星防桃花破財。
辰、戌宮：（對宮武曲）——經辛苦而有財，容易過度花費或交際應酬多。

巳、亥宮：（廉貞同宮）——宜藝術或冷門財，容易財來財去，逢六煞星宜防桃花或投機破財。

＊貪狼＋火星（鈴星）：有偏財或得意外之財。

＊貪狼＋擎羊（陀羅）：防因不良嗜好而損財。

【巨門】

巨門星入財帛宮，一般而言主競爭之中得財，也主辛勞、是非。

子、午宮：（對宮天機）——勞心費神或多費唇舌以求財，有財但難積蓄。

丑、未宮：（天同同宮）——收入較不平穩，不易積蓄，宜學習專業技能。

寅、申宮：（太陽同宮）——花錢易有大方之現象，求財常與國外事物有關。

卯、酉宮：（天機同宮）——勞心費神或多費唇舌以求財，有財但難蓄。

辰、戌宮：（對宮天同）——收入較不平穩，不易積蓄。

巳、亥宮：（對宮太陽）——競爭之中得財。

＊巨門＋擎羊（陀羅）：容易因財而有糾紛。

【天相】

子、午宮：（廉貞同宮）——做事認真有責任感，可有財也易有是非，宜服務業。

丑、未宮：（對宮紫微、破軍）——會有突然發達的機遇。

寅、申宮：（武曲同宮）——主驛馬奔波，動中求財，宜有專業技能。

卯、酉宮：（對宮廉貞、破軍）——容易財來財去。

辰、戌宮：（紫微同宮）——有偏財運或人生有突然發達的機遇。

巳、亥宮：（對宮武曲、破軍）——具開創性，錢財起伏大、不容易守財。

【天梁】

子、午宮：（對宮太陽）——有財富，但容易耗散。

丑、未宮：（對宮天機）——不善理財，宜用腦力、創意賺錢。

寅、申宮：（天同同宮）——有敏銳的觀察力，勞碌之中得財。

卯、酉宮：（太陽同宮）——主動爭財，社會地位常決定財富之多寡。

辰、戌宮：（天機同宮）——勞心費神以求財，能善用頭腦或取巧。

巳、亥宮：（對宮天同）——善於觀察賺錢機會、財運較豐足。

＊天梁＋四煞星：容易損財。

【七殺】

七殺星入財帛宮，需注意錢財、資金之周轉。

子、午宮：（對宮武曲、天府）——善守財，謹慎保守。

丑、未宮：（廉貞同宮）——謹慎中開創，能積蓄致富唯人生多辛勞。

寅、申宮：（對宮紫微、天府）——積極賺錢及理財，但宜注意環境變動之風險。

卯、酉宮：（武曲同宮）——積極賺錢，容易因財而有是非。

辰、戌宮：（對宮廉貞、天府）——愛惜錢財能積蓄致富。

巳、亥宮：（紫微同宮）——積極賺錢及理財，但宜注意環境變動之風險。

＊七殺＋擎羊：與人爭財。

＊七殺＋陀羅：有財時容易招嫉。

【破軍】

破軍星入財帛宮，一般而言有偏財運，但宜見好就收。

子、午宮：（對宮廉貞、天相）——善開創不善守成。

丑、未宮：（紫微同宮）——易得偏財，常有特殊的生財之道。
寅、申宮：（對宮武曲、天相）——驛馬奔波、動中求財，錢財容易有破耗。
卯、酉宮：（廉貞同宮）——勞碌之中得財，賺錢易有是非，錢財容易有破耗。
辰、戌宮：（對宮紫微、天相）——容易志大才疏或懷才不遇，波折之中生財。
巳、亥宮：（武曲同宮）——主驛馬奔波求財，勇於投資，財運起伏大。
＊破軍＋地空（地劫）：容易入不敷出。
＊破軍＋擎羊（火星）：錢財易得也易失。
＊破軍＋鈴星：防經商挫敗。
＊破軍＋四煞星：易因錢財而有是非、紛擾。

【天魁】

財運上有貴人，或因環境因素而得財。

【天鉞】

財運上有貴人，或因環境因素而得財。

【左輔】

有兩筆財源的收入，如工作收入及兼差所得。

容易得到別人幫助，也代表忙碌賺錢。

【右弼】

有兩筆財源的收入，如工作收入及兼差所得。

容易得到別人幫助，也代表忙碌賺錢。

【文昌】

求財有貴人，自己努力而後人助。

【文曲】

求財有貴人，自己努力而後人助。

＊文曲＋巨門：利於口舌賺錢。

【擎羊】

主競爭得財，也主小人。

【陀羅】

主競爭得財，也主小人或是非。

【火星】

求財易有是非，或辛勞求財。

【鈴星】

求財易有是非，或辛勞求財。

【地空】

為財勞心或判斷錯誤。

【地劫】

錢財易有耗散。

＊地空＋地劫：錢財起伏大。

【祿存】

能刻苦耐勞，可積蓄財富。

＊祿存＋四煞星：辛勞之中生財。

＊祿存＋地空（地劫）：防因錢而有爭執。

【天馬】

主驛馬，奔波求財。

＊祿存＋天馬：「祿馬交馳格」可致富。

【天刑】

不會亂花錢，遇六煞星需防因財惹是非。

【天姚】

人緣、口才或藝術方面，可利財運。

＊天姚＋四煞星：防異性損財。

【紅鸞】

歡喜財，如摸彩或彩券易得獎（非指頭獎）或牌運較佳，帶來好心情。

【天喜】

歡喜財，如摸彩或彩券易得獎（非指頭獎）或牌運較佳，帶來好心情。

【咸池】

防桃花破財。

【大耗】

主耗財。

※ 咸池與大耗同入財帛宮，需防因桃花或因色而破財。

【天哭、天虛】

為錢財影響精神領域。

【孤辰、寡宿】

忙於賺錢而使精神易感孤獨。

【華蓋】

不是很重視錢財。

【天空】

有賺錢的創意。

【陰煞】

有小人損財或阻礙求財。

第十章 疾厄宮星曜解說

「疾厄宮」代表體質、健康、脾氣及心性，健康方面主要是依星曜的天干五行（如紫微為「己土」）同時也參考該星曜之星性（如天機為四肢）。依據中醫的五臟六腑論，木為肝膽，火為心血管、小腸，土為脾胃，金為肺、大腸，水為腎、膀胱等。

「預防重於治療」依照疾厄宮的星曜特質，多注意自己的健康及保健。

疾厄宮的對宮為父母宮，健康常與遺傳或小時候父母是否適當的照顧有關，疾厄宮的三方為田宅宮及兄弟宮，疾病容易被家中成員所傳染，一個人生病也需要家人的互相照顧，另一方面，健康也常與居家風水好壞有關。

【紫微】

紫微為己土（陰土），主脾胃及消化系統。

【天機】

天機為乙土（陰木），主肝膽之疾。

天機之星性為四肢、筋骨或神經系統。

【太陽】

太陽為丙火（陽火），主心臟、心血管疾病、大腸燥鬱症等。

太陽之星性為頭、眼睛。

【武曲】

武曲為辛金（陰金），主肺部、氣管、呼吸系統問題（如咳嗽、感冒、喉嚨痛……）。

武曲之星性為鼻子。

【天同】

天同為壬水（陽水），主膀胱、泌尿系統、糖尿病、肝膽之疾。

天同之星性為耳朵。

【廉貞】

廉貞為丁火（陰火），主心臟、心律不整、胸悶、虛火等。

廉貞之星性為疑難雜症、腫瘤、皮膚。

廉貞化忌易有腫瘤問題。

【天府】

天府為戊土（陽土），主脾胃。

【太陰】

太陰為癸水（陰水），主腎病、婦科、血液循環、水腫與血光有關。

太陰之星性為眼睛。

【貪狼】

貪狼為甲木（陽木），主肝膽之疾。

貪狼之星性為泌尿科、內分泌、腎虧、婦女病。

【巨門】

巨門為癸水（有些派別認為是己土），主胃病。

巨門的星性為口、喉、氣管等。

【天相】

天相為壬水，主膀胱、糖尿病、膽、排泄系統。

天相的星性為皮膚。

【天梁】

天梁為戊土（陽土），主脾胃、乳疾。

天梁的星性為腦、頸、腦神經耗弱。

【七殺】

七殺為庚金（陽金），主肺經、呼吸系統。

※七殺＋擎羊：易有外傷，或手腳傷殘。

※七殺＋陀羅：易有外傷，或手腳傷殘。

【破軍】

破軍為癸水（陰水），與腎水有關、腎虧、婦科。

【天魁】

天魁為丙火（陽火），主燥熱。

【天鉞】

天鉞為丁火（陰火），主痰。

【左輔】

左輔為戊土（陽土），主脾胃或痛風。

【右弼】

右弼為癸水（陰水），主性急或腎弱、經水。

【文昌】

文昌為辛金（陰金），咳嗽、大腸（便秘、習慣性拉肚子）、三焦、神經系統、併發症。

文昌有時也是一顆血光之星。

【文曲】

文曲為癸水（陰水），與腎水或經水有關、併發症。

【擎羊】

擎羊為庚金（陽金），為血光之星，主外傷或跌打碰傷。也代表肺經之疾、如中風、羊癲瘋。

【陀羅】

陀羅為辛金（陰金），與牙齒、骨頭、坐骨神經有關。

【火星】

火星為丙火（陽火），主火氣、毒素。

※ 天魁＋火星：有時疾病來得突然。

【鈴星】

鈴星為丁火（陰火），主虛火上升。

※ 天魁＋鈴星：疾病容易糾纏拖延。

【地空】

地空為丁火（陰火），主氣血虛弱、低血壓。

【地劫】

地劫為丙火（陽火），主胃痛。

※地空＋地劫：有時主罕見之疾病。

【祿存】

祿存為己土（陰土），主脾胃。

【天馬】

天馬為丙火（陽火），主感冒、筋絡問題。

【天刑】

天刑為丙火（陽火），主外傷或心肺疾病。

※天刑＋擎羊：主開刀、手術。

【天姚】

天姚為癸水（陰水），主膀胱、泌尿系統、婦科。

【紅鸞】

紅鸞為癸水（陰水），主腎虧、婦科。

【天喜】

天喜為壬水（陽水），主腎病、婦科。

【咸池】

咸池為癸水（陰水），主婦科、泌尿系統。

【大耗】

抵抗力弱、體力差。

【天哭】

天哭為庚金（陽金），主咳嗽、過勞、精神耗損。

【天虛】

天虛為己土（陰土），主身體虛弱或帶虛耗性疾病、虧損、疲倦。

【孤辰】

孤辰為丙火（陽火），主熱症、壓力。

【寡宿】

孤辰為丁火（陰火），主感冒、心情不佳。

【華蓋】

華蓋為甲木（陽木），主肝氣、頭痛。

【天空】

天空主胡思亂想、低血壓、腸胃。

【陰煞】

陰煞主心情鬱卒、驚嚇、精神困擾。

第十一章 遷移宮星曜解說

『遷移宮』代表外出運及社交活動，遷移宮的對宮為命宮，個性常與對外之活動力有密切關係，遷移宮也與人生的際遇息息相關，遷移宮的三方為夫妻宮及福德宮，在外的活動常常包含交際應酬、生活享受、異性緣等。

【紫微】

子、午宮：（對宮貪狼）——出外易有交際應酬，受人歡迎。

丑、未宮：（破軍同宮）——出外可受人幫助，但需防小人或招人嫉妒。

寅、申宮：（天府同宮）——出外受人尊重或提拔。

卯、酉宮：（貪狼同宮）——出外易有交際應酬，帶有勞心勞力。

辰、戌宮：（天相同宮）——出外能得助力，得人敬重但也需防受人排擠或扯後腿。

巳、亥宮：（七殺同宮）——出外能掌權、開創力強。

※紫微＋祿存：出外易得財。

※紫微＋擎羊（陀羅）：易心緒不寧或招惹麻煩。

【天機】

天機為驛馬星，入遷移宮利於出外發展，帶有奔波的性質。

子、午宮：（對宮巨門）——出外易有競爭或多費唇舌，需防是非。
丑、未宮：（對宮天梁）——出外有助力也易有機會。
寅、申宮：（太陰同宮）——宜出外求財，常是跋涉他鄉。
卯、酉宮：（巨門同宮）——出外易有口舌是非，反應好但做事較無恆心。
辰、戌宮：（天梁同宮）——出外有助力也易有機會。
巳、亥宮：（對宮太陰）——宜出外求財，出外有奔波之現象。

【太陽】

太陽也是驛馬星，入遷移宮利於出外發展，宜動不宜靜。
子宮：（對宮天梁）——出外發展有利，但會較忙碌。
午宮：（對宮天梁）——宜出外發展，開創力強。
丑、未宮：（太陰同宮）——宜出外發展，有奔波勞碌的現象，也防做事虛浮。
寅、申宮：（巨門同宮）——口才好、表達能力好，有理想有魄力，可有貴人。
卯宮：（天梁同宮）——出外有活力，可嶄露光芒。
酉宮：（天梁同宮）——出外可努力可成。

辰宮：（對宮太陰）——宜出外發展，雖奔忙但容易有成就。
戌宮：（對宮太陰）——主奔波勞碌，也主感情波動，需避免與人爭鬥。
巳宮：（對宮巨門）——口才好、表達能力好，競爭之中能脫穎而出。
亥宮：（對宮巨門）——出外易有內心的爭執，也主競爭壓力大。
※太陽＋四煞星：出外易有是非。

【武曲】

武曲星入遷移宮，一般而言主出外較勞心勞力。
子、午宮：（天府同宮）——出外善於賺錢利於在外地發展，遇六煞星則容易因財而有是非。
丑、未宮：（貪狼同宮）——可外地致富，需注意守成。
寅、申宮：（天相同宮）——主驛馬奔波、動中求財，也可得意外之財。
卯、酉宮：（七殺同宮）——在外地開創而得財，但需注意因財而有是非。
辰、戌宮：（對宮貪狼）——可外地致富，需注意守成。
巳、亥宮：（破軍同宮）——主驛馬奔波、動中求財，唯精神領域不美。

※武曲＋擎羊：防詞訟、官非。

【天同】

天同星入遷移宮，一般而言出外較有福氣。

子宮：（太陰同宮）——有開創的志氣及能力，為文貴。

午宮：（太陰同宮）——奔波忙碌中而成就，為武貴。

丑、未宮：（巨門同宮）——主奔波勞碌，也多是非、口舌。

寅、申宮：（天梁同宮）——人生帶驛馬，出外發展較有成。

卯、酉宮：（對宮太陰）——宜出外發展，奔波忙碌中得財。

辰、戌宮：（對宮巨門）——主奔波勞碌，也多是非、口舌。

巳、亥宮：（對宮天梁）——人生帶驛馬，出外發展較有成，帶漂泊的性質。

【廉貞】

廉貞入遷移宮，宜離開出生地發展。

子、午宮：（天相同宮）——做事認真有毅力，在外得貴人相助。

丑、未宮：（七殺同宮）——辛勞開創，易有成就。

寅、申宮：（對宮貪狼）——在外人際關係廣也多應酬。
卯、酉宮：（破軍同宮）——有理想抱負，易勞心勞力。
辰、戌宮：（天府同宮）——在外人際關係好，可穩定中發展。
巳、亥宮：（貪狼同宮）——在外人際關係廣也多應酬。

【天府】

子、午宮：（武曲同宮）——出外較順心，也會有貴人照顧。
丑、未宮：（對宮廉貞、七殺）——穩定中求開創，易有成就。
寅、申宮：（紫微同宮）——出外受人尊重或提拔。
卯、酉宮：（對宮武曲、七殺）——在外地開創而得財，但需注意因財而有是非。
辰、戌宮：（廉貞同宮）——在外可穩定中發展。
巳、亥宮：（對宮紫微、七殺）——出外能掌權、開創力強。
※天府＋擎羊：易有小人、是非或招人嫉妒。

【太陰】

子宮：（天同同宮）——有開創的志氣及能力，人緣好、有貴人，為文貴。

午宮：（天同同宮）——奔波忙碌中而得到成就，為武貴。
丑、未宮：（太陽同宮）——出外發展奔波勞碌，也防做事舉棋不定或招惹是非。
寅、申宮：（天機同宮）——宜出外求財，有奔波的現象常是跋涉他鄉。
卯、酉宮：（對宮天同）——宜出外發展，奔波忙碌之中得財。
辰宮：（對宮太陽）——宜出外發展，容易有所成就。
戌宮：（對宮太陽）——帶驛馬性質，主奔波勞碌，也需避免與人爭鬥。
巳、亥宮：（對宮天機）——對宜出外求財，有奔波的現象常是跋涉他鄉。
※天府＋地劫（地空）：在外易有錢財破耗。

【貪狼】

子、午宮：（對宮紫微）——出外易有交際應酬，受人歡迎。
丑、未宮：（武曲同宮）——外地致富，需注意守成。
寅、申宮：（對宮廉貞）——宜出遠門，人際廣或多交際應酬。
卯、酉宮：（紫微同宮）——出外易有交際應酬。
辰、戌宮：（對宮武曲）——可外地致富，需注意守成。

巳、亥宮：（廉貞同宮）——宜出遠門，人際廣或多應酬，在外易有桃花。

※貪狼＋擎羊（陀羅）：在外應酬需防是非。

【巨門】

巨門入遷移宮，在外易有口舌、是非。

子、午宮：（對宮天機）——出外易有競爭或多費唇舌，也需防小人是非。

丑、未宮：（天同同宮）——在外口才好，也主勞碌、小人、是非、口舌。

寅、申宮：（太陽同宮）——口才好，表達能力好，有理想有魄力。

卯、酉宮：（天機同宮）——出外易有口舌是非，反應好但做事較無恆心。

辰、戌宮：（對宮天同）——主勞碌、易有小人、是非、口舌。

巳　宮：（對宮太陽）——口才好，表達能力好，競爭中能脫穎而出。

亥宮：（對宮太陽）——出外易有內心的爭執或外在的爭鬥。

【天相】

子、午宮：（廉貞同宮）——在外做事認真有責任感，但易有是非。

丑、未宮：（對宮紫微、破軍）——具領導力及開創力，出外可受人幫助但也易有小人是非。

寅、申宮：（武曲同宮）——主驛馬奔波、動中求財。

卯、酉宮：（對宮廉貞、破軍）——有理想抱負宜為人服務，勞心勞力也易有是非。

辰、戌宮：（紫微同宮）——主見強處事謹慎，名大於祿，得人敬重但也需防受人排擠或扯後腿。

巳、亥宮：（對宮武曲、破軍）——性剛果決、具開創性，需注重人緣。

【天梁】

子宮：（對宮太陽）——在外能替人著想，受人肯定。

午宮：（對宮太陽）——出外雖有好機會，也容易有小人，盡量少批評別人。

丑、未宮：（對宮天機）——有出外發展的機會，唯變動性也大。

寅、申宮：（天同同宮）——在外做事有條理，但較奔波勞碌。

卯宮：（天梁同宮）——出外有活力可嶄露光芒，適合遠地或國外發展或求學。

酉宮：（天梁同宮）——出外可努力可成。

辰、戌宮：（天機同宮）——出外有助力也易有機會。

巳、亥宮：（對宮天同）——人生帶驛馬，帶奔波漂泊的性質。

※天梁＋地空（地劫）：在外易逢災病或困難。

【七殺】

子、午宮：（對宮武曲、天府）——出外善於賺錢，利於在外地發展，唯容易因財而有是非。

丑、未宮：（廉貞同宮）——謹慎中開創能積蓄致富，唯人生多辛勞，也需防口舌是非。

寅、申宮：（對宮紫微、天府）——管理能力好，出外可受人尊重或提拔。

卯、酉宮：（武曲同宮）——處事有原則，容易因財而有是非。

辰、戌宮：（對宮廉貞、天府）——不斷追求理想，在外可穩定中發展。

巳、亥宮：（紫微同宮）——在外開創能力強、易掌權，可得人敬重。

※七殺＋地空（地劫）：理想超過現實，易進退不當。

※七殺＋擎羊（陀羅）：人緣不廣，也防小人。

【破軍】

破軍入遷移宮，出外較奔波勞碌、事倍功半。

子、午宮：（對宮廉貞、天相）——不服輸、在外人緣不足，能兼負責任，適合遠地或國外發展或求學。

丑、未宮：（紫微同宮）——在外具領導力及開創力易掌權。

寅、申宮：（對宮武曲、天相）——主驛馬奔波、動中求財，在外人緣不足。

卯、酉宮：（廉貞同宮）——做事認真有責任感，有理想抱負，唯人緣不足易有是非。

辰、戌宮：（對宮紫微、天相）——出外喜助人也有人助，但也易受人排擠。

巳、亥宮：（武曲同宮）——主驛馬奔波、動中求財，在外人緣不足。

【天魁】

出外有人緣，機遇好，易得男性貴人或長輩貴人扶助。

【天鉞】

出外有人緣，機遇好，易得女性貴人或長輩貴人扶助。

【左輔】

出外上進、隨和、喜助人，也易有貴人。

【右弼】

出外上進、喜助人，也易有貴人。

【文昌】

出外有人緣、有機會，自助而後人助。

*文昌＋貪狼：做事顛倒，辛勞難免。

*文昌（文曲）＋天府：主貴。

*文昌（文曲）＋巨門：易喪志。

*文昌（文曲）＋破軍：有學識未必有財富。

【文曲】

出外有人緣、口才好，自助而後人助，唯易有感情困擾，喜歡美好的事物。

*文曲＋貪狼：做事顛倒、浮華或好吹噓。

＊文曲＋武曲：文武雙全。
＊文曲＋天梁：口才好、反應快。

【擎羊】

出外人緣不佳需防小人，競爭也多。
＊擎羊＋廉貞＋七殺：慎防意外及傷殘。

【陀羅】

出外人緣不佳易有小人是非，容易有不順心的感覺。

【火星】

主觀較強，有行動力。
＊火星＋貪狼：人生積極而進取。
＊火星＋擎羊：人生有鬥志，為明爭。
＊天魁＋火星：需防猶豫不決，而失去機會。

【鈴星】

擇善固執，人緣不足。

＊鈴星＋貪狼：人生努力而有毅力。

＊鈴星＋陀羅：人生較多磨練，為暗鬥。

＊天鉞＋鈴星：需防機會來時而未察覺，以致事後追悔。

＊火鈴夾遷移宮，行事衝動或內心易感痛苦。

【地空】

有前衛性的思維，行事有時不易為人理解，易有挫折。

【地劫】

有前衛性的言行，防行事疏狂不夠踏實，易有挫折。

＊地空地劫夾遷移宮，出外較多波折。

【祿存】

出外能吃苦耐勞，上進。

【天馬】

主驛馬，主個性較浮動外向，也主喜出外或常出門。

*祿存＋天馬：「祿馬交馳格」，宜外地發展而得財。

*天梁＋天馬：主飄盪，少了安定感。

*天馬＋陀羅：「跛足馬」主遠行不順或拖延。

【天刑】

主自律，出外可律己。

出外精神易感孤獨。

【天姚】

主大方，桃花星之一。

在外人緣好也多異性緣。

【紅鸞】

在外人緣好、異性緣也好。

【天喜】

在外人緣好、異性緣也好。

【咸池】

桃花星，在外易遇到喜歡的異性。

【大耗】

在外易耗財。

※ 咸池＋大耗同入遷移宮，在外需防因桃花或因色而惹來麻煩。

【天哭、天虛】

在外內心較不開朗。

兩顆星一同出現時，現象較明顯。

【孤辰、寡宿】

在外精神易感孤獨或人緣不佳。

兩顆星一同出現時，現象較明顯。

【華蓋】
有才氣，喜文學、哲學或神秘事物。

【天空】
有理想，但也易流於幻想。

【陰煞】
出外需防小人。

第十二章

交友宮星曜解說

「交友宮」古代稱為奴僕宮，代表朋友、同事、同學、部屬的緣份，看是否有助力或阻力。交友宮的對宮為兄弟宮，有著四海之內皆兄弟的意味，交友宮的三方為父母宮及子女宮，子女宮可視為人際關係中的晚輩，父母宮可視為人際關係中的長輩。

【紫微】

※紫微入交友宮，一般而言均代表朋友或部屬較為強勢或掌權。

子、午宮：（對宮貪狼）——朋友主觀強，難以依靠。

丑、未宮：（破軍同宮）——朋友或部屬較自私或寡情義，但也可得忠諫之友。

寅、申宮：（天府同宮）——可結交有能力地位的人士，但彼此容易意見不一。

卯、酉宮：（貪狼同宮）——交友廣、人緣好，也易有桃花或感情困擾。

辰、戌宮：（天相同宮）——能得有正義感且樂於助人的朋友。

巳、亥宮：（七殺同宮）——朋友較為孤高掌權，易受朋友及部屬排擠。

※紫微＋四煞星：朋友或部屬容易誤事。

【天機】

※天機為驛馬星，入交友宮主常變換朋友或部屬。

子、午宮：（對宮巨門）——朋友多變動、多口舌爭論，防本人有時會受其拖累。
丑、未宮：（對宮天梁）——朋友黠子多、喜高談闊論，能得益友但不長久。
寅、申宮：（太陰同宮）——朋友易聚易散，友誼波動性較大。
卯、酉宮：（巨門同宮）——朋友之間易有無謂的口舌是非。
辰、戌宮：（天梁同宮）——朋友黠子多、善詞令，能得益友但不長久。
巳、亥宮：（對宮太陰）——朋友不易知心，較常換朋友、友誼多變動。

【太陽】

※太陽入交友宮，易為朋友或部屬操煩、也容易受其抱怨。

子宮：（對宮天梁）——朋友助力不大或易受朋友抱怨。
午宮：（對宮天梁）——朋友有正義感、個性豪爽，但友誼易華而不實。
丑宮：（太陰同宮）——朋友個性中庸、易猶豫不決，可得益友或好的部屬。
未宮：（太陰同宮）——有人緣，但友誼容易忽冷忽熱。
寅宮：（巨門同宮）——可得能言善辯之友，唯朋友之間易有言語爭論或受其抱怨。
申宮：（巨門同宮）——可得能言善辯之友，唯朋友之間易有口舌或受其抱怨。

卯宮：（天梁同宮）——朋友不多，但對己有助力。
酉宮：（天梁同宮）——朋友不多，助力不大。
辰宮：（對宮太陰）——有人緣、可得正直之人，但友誼易忽冷忽熱。
戌宮：（對宮太陰）——朋友相處較不融洽，友誼具波動性。
巳宮：（對宮巨門）——朋友口才好，彼此會競爭、會互相批評。
亥宮：（對宮巨門）——朋友有正義感，思想獨特不易為人理解，朋友之間易有爭端或抱怨。

【武曲】

※武曲入交友宮，人緣欠佳、朋友較少，往來較不密切。
子、午宮：（天府同宮）——朋友善於賺錢及理財，處事有原則可得其助力。
丑、未宮：（貪狼同宮）——朋友有才藝，但需防酒肉朋友。
寅、申宮：（天相同宮）——朋友較缺乏義氣。
卯、酉宮：（七殺同宮）——朋友敏銳性急，容易因財而有是非，防受朋友欺騙、扯後腿。

辰、戌宮：（對宮貪狼）——朋友豪爽有才藝，但需防酒肉朋友。

巳、亥宮：（破軍同宮）——與朋友之間價值觀差異大，防朋友或部屬口是心非。

※武曲＋火星：朋友之間不宜錢財往來，以免不愉快。

※武曲＋擎羊：朋友之間不宜錢財往來，以免損失或不愉快。

【天同】

※天同入交友宮，較喜歡交朋友。

子、午宮：（太陰同宮）——有益友，異性緣好但易有感情困擾。

丑、未宮：（巨門同宮）——與朋友表面和好但彼此易有爭辯，防口舌、誤會。

寅、申宮：（天梁同宮）——可得耿直之友，唯易各自為政或分散四方。

卯、酉宮：（對宮太陰）——有益友，異性緣好但易有感情困擾。

辰、戌宮：（對宮巨門）——與朋友表面和好但彼此易有爭辯，防口舌、誤會。

巳、亥宮：（對宮天梁）——可得耿直之友，但易各自為政或分散四方。

【廉貞】

※廉貞入交友宮，一般均主朋友或部屬助力不大。

子、午宮：（天相同宮）——朋友做事認真有責任感，但喜爭利。
丑、未宮：（七殺同宮）——朋友或部屬剛強好爭，友誼不融洽也易受人欺壓。
寅、申宮：（對宮貪狼）——朋友有才華，防風花雪月或為錢生嫌隙。
卯、酉宮：（破軍同宮）——朋友相處易有是非，防受朋友或部屬背棄或污衊。
辰、戌宮：（天府同宮）——能得厚重或正直之友。
巳、亥宮：（貪狼同宮）——有人緣，有藝術才華或魅力而受異性欣賞，防風花雪月或為錢生嫌隙。

【天府】

※天府入交友宮，一般均主朋友之中會有貴人，可得部屬敬重。

子、午宮：（武曲同宮）——朋友善於賺錢及理財。
丑、未宮：（對宮廉貞、七殺）——交友謹慎，朋友或部屬剛強好鬥。
寅、申宮：（紫微同宮）——可結交有能力地位的人士，但彼此容易意見不一。
卯、酉宮：（對宮武曲、七殺）——防因財而有是非，也防受朋友欺騙、扯後腿。
辰、戌宮：（廉貞同宮）——可得厚重或正直之友。

巳、亥宮：（對宮紫微、七殺）——可得有能力的朋友，但其人較愛惜錢財。

※天府＋地空（地劫）：防薄情寡義之友。

【太陰】

※太陰入交友宮，一般均主可得益友。

子宮：（天同同宮）——朋友多、異性緣好，也易有感情困擾。

午宮：（天同同宮）——容易交到損友或誤信友人。

丑、未宮：（太陽同宮）——友誼易忽晴忽陰、忽冷忽熱。

寅、申宮：（天機同宮）——朋友易聚易散，友誼波動性較大。

卯、酉宮：（對宮天同）——朋友多、異性緣好，也易有感情困擾。

辰宮：（對宮太陽）——友誼易忽晴忽陰、忽冷忽熱，也會有波動。

戌宮：（對宮太陽）——有人緣、可得正直之人，但友誼易忽冷忽熱。

巳宮：（對宮天機）——朋友不易知心，較常換朋友、友誼多變動。

亥宮：（對宮天機）——較常換朋友、友誼多變動。

※太陰＋擎羊（陀羅）：提防受好朋友所害或其以怨報德。

【貪狼】

※貪狼入交友宮，交遊廣、善於經營人脈，多為興趣、嗜好之友。

子、午宮：（對宮紫微）——有共同興趣、嗜好之友，但難以依靠。

丑、未宮：（武曲同宮）——朋友主觀強、重金錢，可交才藝之友，但需防酒肉朋友。

寅、申宮：（對宮廉貞）——交遊廣，多為興趣、嗜好之友，但需防風花雪月之友。

卯、酉宮：（紫微同宮）——多才藝之友，也需防風花雪月之友。

辰、戌宮：（對宮武曲）——朋友豪爽有才藝，但需防酒肉朋友。

巳、亥宮：（廉貞同宮）——有人緣，有藝術才華或魅力而受異性欣賞。

【巨門】

※巨門入交友宮，朋友之間易有口舌或背後是非。

子、午宮：（對宮天機）——能得有才能的朋友，但難為知己。

丑、未宮：（天同同宮）——朋友多口舌、是非，朋友或部屬易心口不一。

寅、申宮：（太陽同宮）——易有口舌是非，遇六吉星可得口才好的朋友。

卯、酉宮：（天機同宮）——朋友多變動，易有口舌是非，部屬難交付重任。

辰、戌宮：（對宮天同）——朋友之間易有小人、是非、口舌。

巳、亥宮：（對宮太陽）——易有口舌是非，遇六吉星可得口才好的朋友。

【天相】

※天相入交友宮，可得有正義感、熱心為人服務的朋友。

子、午宮：（廉貞同宮）——朋友熱心，唯彼此之間需防是非。

丑、未宮：（對宮紫微、破軍）——朋友有上進心，具領導力及開創力，防招怨。

寅、申宮：（武曲同宮）——朋友重利，防朋友或部屬背信忘義。

卯、酉宮：（對宮廉貞、破軍）——朋友相處易有是非，防受朋友或部屬背棄或污衊。

辰、戌宮：（紫微同宮）——能得有正義感、樂於助人的朋友，會有貴人。

巳、亥宮：（對宮武曲、破軍）——朋友之間價值觀差異大，防朋友或部屬口是心非。

【天梁】

※交友宮有天梁星，主朋友不多。

子、午宮：（對宮太陽）——可得益友，朋友之間能互助。

丑、未宮：（對宮天機）——朋友點子多、善詞令，能得益友但不長久。

寅、申宮：（天同同宮）——可得耿直之友，唯易各自為政。
卯宮：（太陽同宮）——朋友不多，但對己有助力。
酉宮：（太陽同宮）——朋友有正義感，晚年則朋友較少。
辰、戌宮：（天機同宮）——朋友點子多、善詞令，能得益友但不長久。
巳、亥宮：（對宮天同）——可得耿直之友，但易各自為政或分散四方。

【七殺】

※交友宮有七殺星，朋友較現實，易有是非、競爭。
子、午宮：（對宮武曲、天府）——朋友或部屬較不得力，防遭嫉妒、挑撥。
丑、未宮：（廉貞同宮）——朋友或部屬好鬥，防受欺壓。
寅、申宮：（對宮紫微、天府）——可結交有能力地位的人士，但彼此容易意見不一。
卯、酉宮：（武曲同宮）——朋友較為強勢，彼此之間容易因財而有是非或受朋友拖累。
辰、戌宮：（對宮廉貞、天府）——朋友重視金錢或較自私，多是非。
巳、亥宮：（紫微同宮）——朋友思想獨特、喜掌權，易受朋友及部屬排擠。

【破軍】

※交友宮有破軍星，主知己難得。

子、午宮：（對宮廉貞、天相）——防因朋友而有損失或破財。

丑、未宮：（紫微同宮）——朋友或部屬較自私或寡情義，但也可得忠諫之友。

寅、申宮：（對宮武曲、天相）——朋友個性較寡合，防因朋友而有損失或破財。

卯、酉宮：（廉貞同宮）——朋友較自私，友誼易有是非。

辰、戌宮：（對宮紫微、天相）——彼此相處易有矛盾，也容易因朋友際遇之不順而拖累自己。

巳、亥宮：（武曲同宮）——朋友性剛果決，友誼難融洽。

【天魁】

人緣好、朋友有助力，易有男性貴人或長輩貴人。

【天鉞】

人緣好、朋友有助力，易有女性貴人或長輩貴人。

【左輔】

朋友多、有助力，能隨和相處。

【右弼】

朋友多、有助力。

【文昌】

有人緣、朋友較多，可得聰明、多學的朋友，或文藝、才藝之友。

【文曲】

有人緣、朋友較多，可得聰明、口才好的朋友，或文藝、才藝之友。

【擎羊】

朋友個性強、好勝、外向、喜掌權，朋友之間相處易有磨擦。

有「明」的小人，易有是非競爭或受朋友連累。

【陀羅】

朋友固執、不服輸，朋友之間相處易有不順。

有「暗」的小人，易遭嫉妒也防受朋友拖累。

【火星】

朋友性剛、急躁，主觀較強。

朋友之間相處易有爭執，也易受朋友所誤或蒙受損失。

※火星＋天刑：朋友或部屬，易有脾氣暴躁之人。

【鈴星】

朋友性烈、性沉，擇善固執。

朋友之間相處易有爭執或冷戰，也易受朋友所誤或蒙受損失。

【地空】

朋友少，為友勞心或受友拖累。

【地劫】

朋友少，防受友所誤或損財。

【祿存】

互動不熱絡。

【天馬】

主驛馬，主喜與朋友在外。

【天刑】

與朋友價值觀差異大，容易話不投機或意見不合。

【天姚】

喜歡與朋友聊天，可得有藝術或美學才氣的朋友。

【紅鸞】

有人緣，朋友相處較和諧。

【天喜】

有人緣，朋友相處較和諧。

【咸池】

具異性緣或易受異性吸引。

【大耗】

容易因朋友而耗財。

【天哭、天虛】

人緣不佳或人際關係易招是非、不順。

兩顆星一同出現時，現象較明顯。

【孤辰、寡宿】

朋友少，與朋友互動較缺乏熱情。

兩顆星一同出現時，現象較明顯。

【華蓋】

有文藝、才藝，或宗教、玄學之友。

【天空】

與朋友有話題，唯對友誼過於理想化。

【陰煞】

朋友會出小人。

第十二章

事業宮星曜解說

「事業宮」古代稱為官祿宮，代表工作、事業、功名及考運，事業宮的對宮為夫妻宮，事業的成就也影響到擇偶的條件及配偶之地位，事業宮的三方為命宮及財帛宮，事業的穩定影響財運及人生之運勢。

【紫微】

紫微星為「官祿主」入事業宮，在事業上具開創及領導力，容易有事業上的成就。

子、午宮：（對宮貪狼）──經營人脈或適當參與社交活動，有助事業。需防因感情或桃花而影響事業的成就。

丑、未宮：（破軍同宮）──有成有敗，起伏較大也多風波。

寅、申宮：（天府同宮）──有組織、企劃力，是主管的人才。

卯、酉宮：（貪狼同宮）──長袖善舞，需防因感情或桃花而影響事業的成就。

辰、戌宮：（天相同宮）──有專門技能或政治能力。

巳、亥宮：（七殺同宮）──處事積極有原則。

※紫微＋地空（地劫）：有創意但也易有幻想。

【天機】

天機星入事業宮，一般而言易從事多種行業或事業中帶驛馬性質。
子、午宮：（對宮巨門）——宜專業技能或口才、學術。
丑、未宮：（對宮天梁）——事業勞心，不宜經商。
寅、申宮：（太陰同宮）——奔波勞碌也帶有變動性，宜善用智慧。
卯、酉宮：（巨門同宮）——宜專業技能或口才、學術。
辰、戌宮：（天梁同宮）——勞心費神，身兼數職或事業多變動。
巳、亥宮：（對宮太陰）——奔波勞碌也帶有變動性，宜善用智慧。
*天機＋四煞星：變動性大。

【太陽】

子宮：（對宮天梁）——子宮太陽落陷，事業運較差，多勞碌或勞心。
午宮：（對宮天梁）——午宮太陽入廟，事業運好易有成就，逢六吉星更佳。
丑、未宮：（太陰同宮）——帶驛馬性質，事業多勞碌或波動。
寅、申宮：（巨門同宮）——事業多競爭或多費唇舌，名大於利。

卯、酉宮：（天梁同宮）——努力而有成，不宜獨資經商。
辰、戌宮：（對宮太陰）——帶驛馬性質，事業多勞碌或波動。
巳、亥宮：（對宮巨門）——常從事熱門或競爭大的行業，口才可幫助事業。

【武曲】

子、午宮：（天府同宮）——事業可帶來財運，宜財經領域。
丑、未宮：（貪狼同宮）——事業起伏大，不宜太投機。
寅、申宮：（天相同宮）——能文能武，帶勞碌奔波的性質。
卯、酉宮：（七殺同宮）——處事有原則，較嚴肅，宜武職。
辰、戌宮：（對宮貪狼）——事業起伏大，不宜太投機。
巳、亥宮：（破軍同宮）——多勞碌也易離鄉發展。

【天同】

天同星入事業宮，有白手起家或少量資金創業的能力。
子、午宮：（太陰同宮）——守成重於開創，宜清高的行業，宜服務業。
丑、未宮：（巨門同宮）——做事易有頭無尾，多是非、防小人，需辛苦奮鬥而後有成。

寅、申宮：(天梁同宮)——善於觀察機會、工作較平穩。

卯、酉宮：(對宮太陰)——守成重於開創，宜文貴、清高的行業，宜服務業。

辰、戌宮：(對宮巨門)——做事容易有頭無尾，防是非、小人，需辛苦奮鬥而後有成。

巳、亥宮：(對宮天梁)——做事有條理、工作較平穩。

＊天機＋陀羅：事業多變化或不順心。

【廉貞】

廉貞星入事業宮，一般而言主發展受限的現象。

子、午宮：(天相同宮)——做事有魄力，事業易有是非。

丑、未宮：(七殺同宮)——辛勞難免，一分耕耘一分收穫，出外較有利。

寅、申宮：(對宮貪狼)——帶驛馬性質出遠門有利，重視現實、有交際或設計能力。

卯、酉宮：(破軍同宮)——事業運不佳，勞多獲少也易有是非，從商易有挫折。

辰、戌宮：(天府同宮)——有責任感默默的努力工作，喜掌權、不善言詞。

巳、亥宮：（貪狼同宮）——帶驛馬性質出遠門有利，重視現實、有交際或設計能力。

*廉貞+文昌（文曲）：可從事藝術或設計工作。

【天府】

天府星入事業宮，一般而言事業較平順，可有貴人。

子、午宮：（武曲同宮）——善理財或為專業人士。

丑、未宮：（對宮廉貞、七殺）——謹慎保守唯辛勞難免，一分耕耘一分收穫。

寅、申宮：（紫微同宮）——有組織、企劃力，是主管的人才。

卯、酉宮：（對宮武曲、七殺）——處事有原則，善理財或為專業人士。

辰、戌宮：（廉貞同宮）——有責任感，默默的努力工作，積蓄致富，唯人生多辛勞。

巳、亥宮：（對宮紫微、七殺）——處事積極有原則，有領導力。

*天府+擎羊（陀羅）：容易因財而有紛爭。

*天府+火星（鈴星）：主事業波動。

【太陰】

子宮：（天同同宮）——守成重於開創，為文貴，宜服務業。
午宮：（天同同宮）——先守成再開創，為武貴，不宜太靜態的工作。
丑、未宮：（太陽同宮）——帶驛馬性質，事業多勞碌或波動。
寅、申宮：（天機同宮）——奔波勞碌也帶有變動性，宜設計、創意或帶驛馬的行業。
卯、酉宮：（對宮天同）——守成重於開創，宜文貴、清高的行業，宜服務業。
辰、戌宮：（對宮太陽）——帶驛馬性質，事業多勞碌或波動。
巳、亥宮：（對宮天機）——奔波勞碌也帶有變動性，宜設計、創意或帶驛馬的行業。
※太陰＋文昌（文曲）：有地位或利於藝術行業。

【貪狼】

貪狼星入事業宮，宜外務、業務、娛樂、藝術、文教、出版、消費性行業。
子、午宮：（對宮紫微）——宜經營人脈或適當參與社交活動，有獨當一面的能力。
丑、未宮：（武曲同宮）——事業起伏大，不宜太投機，武貪為橫發格容易橫發橫破。
寅、申宮：（對宮廉貞）——帶驛馬性質出遠門有利，重視現實、有交際或設計能力。

卯、酉宮：（紫微同宮）——宜經營人脈或適當參與社交活動，有獨當一面的能力。
辰、戌宮：（對宮武曲）——事業起伏大，不宜太投機。
巳、亥宮：（廉貞同宮）——帶驛馬性質出遠門有利，重視現實、有交際或設計能力。
＊貪狼＋文昌（文曲）：做事不踏實，辛苦難免。
＊貪狼＋火星：積極進取。

【巨門】

巨門星入事業宮，一般而言事業多是非，多小人、少貴人。
子、午宮：（對宮天機）——事業多變動，易流於空想，宜專業技能或口才、學術。
丑、未宮：（天同同宮）——做事易有頭無尾。
寅、申宮：（太陽同宮）——名大於利，事業多競爭或多費唇舌。
卯、酉宮：（天機同宮）——事業多變動，易流於空想，宜專業技能或口才、學術。
辰、戌宮：（對宮天同）——做事易有頭無尾。
巳、亥宮：（對宮太陽）——名大於利，事業多競爭或多費唇舌。
＊巨門＋擎羊（陀羅）：容易因財而有糾紛。

*巨門＋文昌（文曲）：容易懷憂喪志。

*巨門＋火星（鈴星）：起伏較大。

【天相】

子、午宮：（廉貞同宮）——做事有魄力，事業易有是非。

丑、未宮：（對宮紫微、破軍）——有成有敗，起伏較大也多風波，也會有突然發達的機遇。

寅、申宮：（武曲同宮）——能文能武，帶勞碌或奔波性質，宜有專業技能。

卯、酉宮：（對宮廉貞、破軍）——事業運不佳，勞多獲少也易有是非，從商易有挫折。

辰、戌宮：（紫微同宮）——名大於利，有突然發達的機遇或大器晚成。

巳、亥宮：（對宮武曲、破軍）——具開創性，但需注重守成。

*天相＋四煞星：事業多紛擾。

【天梁】

子宮：（對宮太陽）——對宮太陽入廟，事業運好易有成就，逢六吉星更佳。

午宮：（對宮太陽）——對宮太陽落陷，事業運較差，多勞碌或勞心。
丑、未宮：（對宮天機）——事業勞心也多變，不宜經商。
寅、申宮：（天同同宮）——做事有條理，工作較平穩。
卯、酉宮：（太陽同宮）——努力而有成，不宜獨資經商。
辰、戌宮：（天機同宮）——事業勞心，不宜經商。
巳、亥宮：（對宮天同）——做事較不積極，在巳宮多從事較特別的行業。
＊天梁＋四煞星：事業多紛擾。
＊天梁＋地空（地劫）：有創造力，但也防空想過多。
＊天梁＋祿存＋天馬：利於商界或外國事務。

【七殺】

七殺入事業宮，人生在事業上會有一次重大挫折，不宜投機。
子、午宮：（對宮武曲、天府）——謹慎保守、親力親為，管理能力強。
丑、未宮：（廉貞同宮）——謹慎中開創、親力親為，唯人生多辛勞。
寅、申宮：（對宮紫微、天府）——處事積極，能獨當一面，但宜注意環境變動之風險。

卯、酉宮：（武曲同宮）——敏銳性急、親力親為，處事有原則。

辰、戌宮：（對宮廉貞、天府）——謹慎保守、親力親為，管理能力強，名大於利。

巳、亥宮：（紫微同宮）——處事積極，但宜注意環境變動之風險。

＊七殺＋四煞星：辛勞。

＊七殺＋地空（地劫）：有巧思，但也防過多空想。

【破軍】

破軍星入事業宮，一般而言事業多艱辛、工作多變動。

子、午宮：（對宮廉貞、天相）——做事有魄力，事業易有是非，善開創不善守成。

丑、未宮：（紫微同宮）——有成有敗，起伏較大也多風波。

寅、申宮：（對宮武曲、天相）——驛馬奔波、有成有敗，起伏較大也多風波。

卯、酉宮：（廉貞同宮）——做事有魄力，事業易有是非，善開創不善守成。

辰、戌宮：（對宮紫微、天相）——易志大才疏或懷才不遇，有成有敗，起伏較大也多風波。

巳、亥宮：（武曲同宮）——多勞碌也易離鄉發展。

＊破軍＋陀羅：必主辛勞、不順。

＊破軍＋火星（鈴星）：波折多。

＊破軍＋地空（地劫）：能創新。

【天魁】

事業上有貴人，年長者或同輩之中年紀稍大者，為男性貴人。或得利於法律或公司制度之變動。

＊天魁＋火星：容易因猶豫而失去機會。

【天鉞】

事業上有貴人，年長者或同輩之中年紀稍大者，為女性貴人。或得利於法律或公司制度之變動。

＊天鉞＋鈴星：容易因失察而沒有掌握機會。

【左輔】
有平輩的助力，左輔和右弼同時出現力量較強。

【右弼】
有平輩的助力，左輔和右弼同時出現力量較強。

【文昌】
工作上有貴人，自己努力而後人助。

【文曲】
工作上有貴人，自己努力而後人助。

【擎羊】
主競爭，也主小人。

【陀羅】
主不順心，也主小人暗中破壞，易有名無實或難享成果。

【火星】

積極，唯易有是非或波折起伏。

【鈴星】

易有是非或波折起伏。

【地空】

為事業勞心。

【地劫】

為事業勞力。

*地空＋地劫：主起伏波折，宜冷門行業或設計、藝術領域。

【祿存】

積極進取、能刻苦耐勞，宜現成事業或受薪階級。

【天馬】

主驛馬，奔波或常出外。

＊祿存＋天馬：忙碌或常遠行，但有利。

【天刑】

工作上容易與人有意見不合或溝通不良的現象。

【天姚】

職場上有人緣，也有異性緣。

【紅鸞】

職場上有人緣。

【天喜】

職場上有人緣。

【咸池】

桃花星，具異性緣或喜與異性接觸。

【大耗】

難繼祖業。

【天哭、天虛】

空虛而不踏實、不開朗。

【孤辰、寡宿】

忙於工作而精神易感孤獨。

【華蓋】

主孤高，也主有才華。

【天空】

有創意也多空想。

【陰煞】

事業上有小人阻礙或扯後腿。

第十四章 田宅宮星曜解說

「田宅宮」代表不動產運之有無、家人的相處好壞，也是俗稱的「財庫」，田宅宮的對宮為子女宮，成家育子無疑是人生最重要的里程碑，田宅宮的三方為兄弟宮及疾厄宮，兄弟姊妹是家中的重要成員，身體的好壞也與住家環境及風水息息相關。

【紫微】

紫微入田宅宮，一般而言金錢較不缺乏，也利於置產。

紫微入田宅宮，居家附近易有高樓、山坡地、銀樓、精品店、金融機構。

子、午宮：（對宮貪狼）——住家漂亮或喜裝飾住家。

丑、未宮：（破軍同宮）——買屋不宜過度貸款造成負擔，見擎羊或陀羅需防因產業而有糾紛。

寅、申宮：（天府同宮）——有財有庫，能置產或得產。

卯、酉宮：（貪狼同宮）——住家漂亮或住家附近易有娛樂場所或樹木。

辰、戌宮：（天相同宮）——中年後通常能置產。

巳、亥宮：（七殺同宮）——需注意不動產的守成。

【天機】

天機入田宅宮，搬家頻率較高，或屋內擺設較常異動。

天機入田宅宮，居家附近易有機車行、腳踏車行、小寺廟、五金行。

子、午宮：（對宮巨門）——家人易有爭執或產業糾紛，或鄰居易出搬弄是非之人。

丑、未宮：（對宮天梁）——居家環境較不清靜。

寅、申宮：（太陰同宮）——天機為驛馬星，較常搬家或屋內擺設較常易動。

卯、酉宮：（巨門同宮）——家人易有爭執或產業糾紛，或鄰居出搬弄是非之人。

辰、戌宮：（天梁同宮）——家人相處較和諧。

巳、亥宮：（對宮太陰）——天機為驛馬星，較常搬家或屋內擺設較常易動。

＊天機＋火星（鈴星）：住家附近易有噪音。

【太陽】

太陽入田宅宮，居家附近易有手機行、電話器材行、旅行社、輪胎行、學校。

子宮：（對宮天梁）——子宮太陽落陷，不利於置產。

午宮：（對宮天梁）——午宮太陽入廟，利於置產但有壓力。

丑、未宮：（太陰同宮）——為「日月合璧」之格局，一般而言皆能置產或得產，產業豐富。

寅、申宮：（巨門同宮）——防口舌是非或爭產問題，宜遠地或海外置產。

卯、酉宮：（天梁同宮）——家人容易因產業而有疏離感。

辰、戌宮：（對宮太陰）——太陰為田宅主，有利於置產。

巳、亥宮：（對宮巨門）——防口舌是非或爭產問題。

＊太陽化忌：家中男性之一，易有健康問題。

【武曲】

武曲入田宅宮，居家附近易有金融機構、寺廟、機械工廠、警局、軍營。

子、午宮：（天府同宮）——武曲與天府皆為財星，此生可得產或置產。

丑、未宮：（貪狼同宮）——武曲與貪狼皆為財星，一般而言中年後有能力置產，需注意守成。

寅、申宮：（天相同宮）——一般而言中年後有能力置產。

卯、酉宮：（七殺同宮）——可置產，見煞星則需防因不動產而有是非、紛爭。

辰、戌宮：（對宮貪狼）——武曲與貪狼皆為財星，一般而言中年後有能力置產，需注意守成。

巳、亥宮：（破軍同宮）——容易居住於舊屋，買屋需量力而為，不宜過度貸款造成負擔。

＊武曲＋火星（鈴星）：可增加不動產。

【天同】

天同入田宅宮，居家附近易有餐飲店、超市、診所、洗衣店。

子宮：（太陰同宮）——可自置不動產，注重居家享受。

午宮：（太陰同宮）——住宅較安寧，注重居家享受。

丑、未宮：（巨門同宮）——置產較不順，或需依靠他人。

寅、申宮：（天梁同宮）——同梁帶有飄盪之性質，不容易安定或較常搬遷。

卯、酉宮：（對宮太陰）——住宅較安寧，注重居家享受。

辰、戌宮：（對宮巨門）——置產較不順，或需依靠他人。

巳、亥宮：（對宮天梁）——同梁帶有飄盪之性質，不容易安定或較常搬遷。

【廉貞】

廉貞入田宅宮，居家附近易有加工廠、美妝店、電腦公司、家電業者、山坡地、森林。

子、午宮：（天相同宮）——家人相處易有是非，祖業不易守成。

丑、未宮：（七殺同宮）——積蓄致富，中年後不動產運較好。

寅、申宮：（對宮貪狼）——不動產運起伏較大、宜注意產業的守成。

卯、酉宮：（破軍同宮）——祖業不易守成，易有破耗。

辰、戌宮：（天府同宮）——積蓄可致富，易置產或利於祖業之守成。

巳、亥宮：（貪狼同宮）——不動產運起伏較大、宜注意產業的守成。

【天府】

天府入田宅宮，一般而言易有父母的產業。

天府入田宅宮，居家附近易有高樓、公家機構、銀行、土地、農作物或畜牧。

子、午宮：（武曲同宮）——易得產或置產。

丑、未宮：（對宮廉貞、七殺）——積蓄致富，中年後不動產運較好。

寅、申宮：（紫微同宮）——善理財，不動產運好。

卯、酉宮：（對宮武曲、七殺）——有錢可置產，見煞星則需防因不動產而有是非、紛爭。

辰、戌宮：（廉貞同宮）——積蓄致富，中年後不動產運較好。

巳、亥宮：（對宮紫微、七殺）——善理財，不動產運好。

＊天府＋擎羊（陀羅）：防不動產方面的紛爭。

＊天府＋火星（鈴星）：住家較不安寧。

＊天府＋文昌（文曲）：家中會出受高等教育之人。

【太陰】

太陰入田宅宮，居家附近寧靜，易有美容業、SPA、美髮業、KTV、汽車公司。

子、午宮：（天同同宮）——努力之後可置產，居家環境易有花木。

丑、未宮：（太陽同宮）——為「日月合璧」之格局，不動產運佳也主家運興隆。

寅、申宮：（天機同宮）——較常外出或搬遷。

卯、酉宮：（對宮天同）——住宅較安寧，注重居家享受，居家環境易有花木。

辰、戌宮：（對宮太陽）——不動產運佳。

巳、亥宮：（對宮天機）——較常外出或搬遷。
＊太陰＋祿存：不動產多。
＊太陰＋化祿：不動產多。

【貪狼】

貪狼入田宅宮，居家附近易有樹木、電線桿、娛樂業、各類設計公司、婦產科。
貪狼入田宅宮，受風水影響大，買房時需注意環境及風水好壞。
子、午宮：（對宮紫微）——住家漂亮或喜裝飾住家。
丑、未宮：（武曲同宮）——產業易橫發橫破，需注意守成。
寅、申宮：（對宮廉貞）——祖業不易守成，有火星或鈴星同宮較容易有不動產。
卯、酉宮：（紫微同宮）——住家漂亮或喜裝飾住家。
辰、戌宮：（對宮武曲）——產業易橫發橫破，需注意守成。
巳、亥宮：（廉貞同宮）——祖業不易守成，有火星或鈴星同宮較容易有不動產。
＊貪狼＋火星（鈴星）：不動產容易暴得暴失，需注意守成。

【巨門】

巨門入田宅宮，居家附近易有西藥房、零售店、小吃店、下水道。

子、午宮：（對宮天機）——家人易有爭執或產業糾紛或鄰居易出搬弄是非之人。

丑、未宮：（天同同宮）——置產較不順，或需依靠他人。

寅、申宮：（太陽同宮）——防口舌是非或爭產問題，利於遠地或海外置產。

卯、酉宮：（天機同宮）——家人易有爭執或產業糾紛或鄰居易出搬弄是非之人。

辰、戌宮：（對宮天同）——置產較不順，或需依靠他人。

巳、亥宮：（對宮太陽）——防口舌是非或爭產問題。

＊巨門＋擎羊（陀羅）：易與鄰居有是非。

【天相】

天相入田宅宮，居家附近易有服飾店、百貨公司、餐飲業。

子、午宮：（廉貞同宮）——家人相處易有是非，祖業不易守成。

丑、未宮：（對宮紫微、破軍）——買屋不宜過度貸款造成負擔。

寅、申宮：（武曲同宮）——中年後有能力置產。

卯、酉宮：（對宮廉貞、破軍）——家人相處易有是非，祖業不易守成。
辰、戌宮：（紫微同宮）——中年後常可置產。
巳、亥宮：（對宮武曲、破軍）——祖業易耗散。

【天梁】

天梁入田宅宮，居家附近易有大樹、醫院、藥房、廟、教堂、學校、證券公司。
子宮：（對宮太陽）——午宮太陽入廟，白天出生之人，較能得產或置產。
午宮：（對宮太陽）——子宮太陽落陷，不利於置產或得產而不容易守成。
丑、未宮：（對宮天機）——居家環境較不清靜或較常搬遷。
寅、申宮：（天同同宮）——主飄盪，不容易安定。
卯、酉宮：（太陽同宮）——家人容易有疏離感，但一般而言可有祖業。
辰、戌宮：（天機同宮）——居家環境較不清靜或較常搬遷。
巳、亥宮：（對宮天同）——主飄盪，不容易安定，有地空或地劫同宮更明顯。
＊天梁＋四煞星：家宅不安寧。
＊天梁＋天馬：主飄盪，不易安定。

【七殺】

七殺入田宅宮，居家附近易有警局、軍營、金屬類工廠、外科醫院。

子、午宮：（對宮武曲、天府）——中年後不動產運較好。

丑、未宮：（廉貞同宮）——積蓄致富，中年後不動產運較好。

寅、申宮：（對宮紫微、天府）——善理財，不動產運好。

卯、酉宮：（武曲同宮）——可置產但需注意守成，見煞星則需防因不動產而有是非、紛爭。

辰、戌宮：（對宮廉貞、天府）——積蓄可致富，中年後不動產運較好。

巳、亥宮：（紫微同宮）——善理財，不動產運好。

＊天梁＋地空（地劫）：家業不易守成。

【破軍】

破軍入田宅宮，居家附近易有證券公司、傳統市場、夜市、加油站、貨運行。

子、午宮：（對宮廉貞、天相）——善開創不善守成，買屋不宜過度貸款造成負擔。

丑、未宮：（紫微同宮）——有意外得產的機會，買屋不宜過度貸款造成負擔。

寅、申宮：（對宮武曲、天相）——中年後有能力置產。
卯、酉宮：（廉貞同宮）——祖業不易守成，易有破耗。
辰、戌宮：（對宮紫微、天相）——中年後有能力置產。
巳、亥宮：（武曲同宮）——容易居住於舊屋，買屋需量力而為，不宜過度貸款造成負擔。

＊破軍＋火星（鈴星）：防不動產之損失。
＊破軍＋地空（地劫）：防不動產之損失。

【天魁】

易有祖產或家中有男性長輩貴人。
服務之機構能給予自己好機會。

【天鉞】

易有祖產或家中有女性長輩貴人。
服務之機構能給予自己好機會。

【左輔】

住家附近有零售店或超商，易有手足或鄰居往來。

【右弼】

住家附近有零售店或超商，易有手足或鄰居往來。

【文昌】

書香世家或住家臨近學校、文具店或禮品店。

家中易有藏書或名牌用品。

【文曲】

書香世家或住家臨近學校、文具店或禮品店。

家中易有藏書或名牌用品。

【擎羊】

住家附近有電線桿，或易對著屋角等尖銳物。

家人之間易有爭執。

【陀羅】

家人相處容易感到不順心。

住家附近易有破敗的房舍、荒蕪的道路或不平坦的馬路。

【火星】

家人之間易有爭執。

【鈴星】

家人之間易有爭執或芥蒂。

【地空】

居家易感精神上的空虛。

【地劫】

居家易有物質上的花費。

【祿存】

主有財，易得產或存錢買房。

【天馬】

主驛馬，常出外或家中客人多。

＊祿存＋天馬：「祿馬交馳格」可致富。

【天刑】

住家附近易有藥房、五金行、當鋪。

家人或鄰居常有人養小狗或貓。

【天姚】

家人或鄰居有人喜歡聊天或串門子。

【紅鸞】

家中時有和樂氣氛。

【天喜】

家中時有和樂氣氛。

【咸池】

重視兩性生活，格局高者可轉為才藝。

【大耗】

宜注意錢財及不動產之守成。

【天哭、天虛】

居家較不快樂、紛擾多。

【孤辰、寡宿】

與家人相處不夠親近。

【華蓋】

家中安神位或居家附近易有寺廟。

【天空】

居家不耐靜或在家多幻想。

【陰煞】

住家附近易有小人或不佳的氣場。

第十五章 福德宮星曜解說

「福德宮」代表福報、人生觀（樂觀或悲觀）、精神享受、興趣嗜好與交際應酬的宮位，福德宮的對宮為財帛宮，財富的多寡影響生活享受也影響精神面，換個角度，財富的多寡也與一個人的福報有關，福德宮的三方為夫妻宮及遷移宮，一個人的生活享受及精神領域，與婚姻生活息息相關，也常與本人在外的活動及人生的際遇有關。

【紫微】

紫微入福德宮，有氣質，一般而言主觀較強、較堅持己見。宜女不宜男，女命主有福，男命雖有福但較無雄心大志。

子、午宮：（對宮貪狼）——樂在興趣、嗜好。

丑、未宮：（破軍同宮）——凡事喜親力親為，有創造力，唯容易改變主意。

寅、申宮：（天府同宮）——主思想高尚，懂得享福但心靈易孤單。

卯、酉宮：（貪狼同宮）——樂在興趣、嗜好。

辰、戌宮：（天相同宮）——樂以助人，精神面較開闊。

巳、亥宮：（七殺同宮）——有領導慾，喜左右別人的行動。

※紫微 ＋ 地空（地劫）：喜文藝或哲理，也主勞累或精神困擾。

【天機】

天機入福德宮，一般而言主興趣較廣，但也容易多思多慮而致心緒不寧。

子、午宮：（對宮巨門）——反應敏銳、操心也多。

丑、未宮：（對宮天梁）——反應敏銳，也主幻想多，勞心但能忙裡偷閒。

寅、申宮：（太陰同宮）——心緒容易波動，容易身心勞碌或為了情感困擾，第六感較強。

卯、酉宮：（巨門同宮）——反應敏銳、多勞心也較多是非。

辰、戌宮：（天梁同宮）——反應敏銳，也主幻想多，勞心但能忙裡偷閒。

巳、亥宮：（對宮太陰）——心緒容易波動，容易身心勞碌。

※天機＋擎羊（陀羅）：容易自尋煩惱，也主精神面難以清閒。

※天機化忌：多思多慮、會鑽牛角尖。

【太陽】

太陽入福德宮，一般而言主心忙或身忙，廟旺則個性較開朗，落陷則易感煩躁。

子宮：（對宮天梁）——自尊心強，容易心緒不寧。

午宮：（對宮天梁）——重榮譽，不隨波逐流，有獨特的生活方式。
丑、未宮：（太陰同宮）——忙碌之中享受生活。
寅、申宮：（巨門同宮）——較勞心費神。
卯、酉宮：（天梁同宮）——自尊心強，不喜太繁忙的生活，樂於公益。
辰、戌宮：（對宮太陰）——有福可享，唯心緒多波動、容易猶豫不決。
巳、亥宮：（對宮巨門）——較勞心費神。
※太陽＋地空（地劫）：多思多慮、心緒不寧。

【武曲】

武曲入福德宮，一般而言主見較強，也較重視物質享受。
子、午宮：（天府同宮）——勞心，能有物質上的享受。
丑、未宮：（貪狼同宮）——多物慾也較重視物質享受，較勞心費神。
寅、申宮：（天相同宮）——可享福，但容易隨波逐流。
卯、酉宮：（七殺同宮）——較勞心奔忙，也容易心急。
辰、戌宮：（對宮貪狼）——多物質享受，但較勞心費神。

巳、亥宮：（破軍同宮）——勞心且內心多反覆。

※武曲 ＋ 陀羅：主操煩、憂心。

【天同】

天同入福德宮，一般而言主有福氣，喜歡音樂、心境較愉快。

子、午宮：（太陰同宮）——懂得享受生活，有生活情趣。

丑、未宮：（巨門同宮）——多幻想，防沉迷而不務實，也易有感情之紛擾。

寅、申宮：（天梁同宮）——注重精神生活，追求安定、可得安樂。

卯、酉宮：（對宮太陰）——懂得享受生活，也追求戀情。

辰、戌宮：（對宮巨門）——多幻想，防沉迷而不務實，也易有感情之紛擾。

巳、亥宮：（對宮天梁）——注重精神生活但較多思慮，追求安定、可得安樂。

※天同 ＋ 地空（地劫）：情緒較不穩定。

【廉貞】

廉貞入福德宮，主忙碌或多思慮，一般而言有繪畫或拍照的興趣。

子、午宮：（天相同宮）——忙碌、穩重。

丑、未宮：（七殺同宮）——忙碌而不安，思考容易武斷。
寅、申宮：（對宮貪狼）——重物質享受，思慮也多。
卯、酉宮：（破軍同宮）——有理想抱負，不耐寧靜也不易專注目標，想做的事太多。
辰、戌宮：（天府同宮）——物質享受多於精神享受。
巳、亥宮：（貪狼同宮）——重物質享受，思慮也多。
※廉貞 ＋ 火星（鈴星）：主操煩、憂心。

【天府】

天府入福德宮，一般而言主思想較穩重，為人謹慎。
子、午宮：（武曲同宮）——追求利益，能有物質上的享受。
丑、未宮：（對宮廉貞、七殺）——精神享受較不足。
寅、申宮：（紫微同宮）——主思想高尚，能享福但心靈略感孤虛。
卯、酉宮：（對宮武曲、七殺）——物質生活較安定，精神面則較勞心。
辰、戌宮：（廉貞同宮）——物質生活較不缺乏，精神享受則不足。
巳、亥宮：（對宮紫微、七殺）——有領導慾及進取心，喜歡左右別人的行動。

※天府＋擎羊（陀羅）：主勞心或憂心。
※天府＋祿存：多花精神於賺錢及理財方面。
※天府＋天魁（天鉞）：度量大。

【太陰】

太陰入福德宮，重視精神享受，喜寧靜不喜與人競爭。
子宮：（天同同宮）——懂得享受生活，有生活情趣。
午宮：（天同同宮）——懂得享受生活，喜悠閒，但易理想化。
丑、未宮：（太陽同宮）——忙碌之中享受生活，有福可享。
寅、申宮：（天機同宮）——心緒波動較大，容易身心勞碌或為情感困擾。
卯、酉宮：（對宮天同）——懂得享受生活，有生活情趣，易有感情困擾。
辰、戌宮：（對宮太陽）——有福可享，唯心緒多波動、容易猶豫不決。
巳、亥宮：（對宮天機）——心緒容易波動，也容易勞心。
※太陰＋擎羊：多思多慮多奔忙，不易滿足現況。
※太陰＋陀羅：身心奔忙，容易操煩。

※太陰＋地空（地劫）：較多幻想。
※太陰＋火星（鈴星）：影響情緒穩定。

【貪狼】

貪狼入福德宮，一般而言易有嗜好，較重視生活享受。
子、午宮：（對宮紫微）——樂在興趣、嗜好。
丑、未宮：（武曲同宮）——多物質享受。
寅、申宮：（對宮廉貞）——重物質享受，思慮也多。
卯、酉宮：（紫微同宮）——樂在興趣、嗜好。
辰、戌宮：（對宮武曲）——多物質享受。
巳、亥宮：（廉貞同宮）——重生活享受，有美學素養或對色彩敏銳。
※貪狼＋文昌（文曲）：有才藝或藝術才華。
※貪狼＋天姚：喜風花雪月，防酒色，也主才藝。
※貪狼＋地空（地劫）：喜哲學、玄學或命理。
※貪狼＋火星（鈴星）：主性急。

【巨門】

巨門入福德宮，一般而言易生猜疑心。

子、午宮：（對宮天機）——反應敏銳、操心也多，做事較無恆心。

丑、未宮：（天同同宮）——多幻想，防沉迷而不務實。

寅、申宮：（太陽同宮）——喜操心、親力親為、較勞心費神。

卯、酉宮：（天機同宮）——反應好，易有口舌是非，做事較無恆心。

辰、戌宮：（對宮天同）——多幻想，防沉迷而不務實。

巳、亥宮：（對宮太陽）——喜操心、親力親為、較勞心費神。

※巨門＋四煞星：疑心重。

※巨門＋陀羅：是非多。

※巨門＋文昌（文曲）：容易懷憂喪志。

【天相】

天相入福德宮，一般而言較有正義感。

子、午宮：（廉貞同宮）——做事認真有責任感，易有是非。

丑、未宮：（對宮紫微、破軍）——有同情心，喜親力親為，但容易改變主意。

寅、申宮：（武曲同宮）——喜追逐理想，然而不如意時易生偏激。

卯、酉宮：（對宮廉貞、破軍）——有同情心，喜親力親為，但容易改變主意。

辰、戌宮：（紫微同宮）——精神面愉快，較有度量。

巳、亥宮：（對宮武曲、破軍）——喜追逐理想，然而不如意時易生偏激。

※天相＋地空（地劫）：理想高於行動。

【天梁】

天梁入福德宮，一般而言較種視精神享受。

子、午宮：（對宮太陽）——思想超脫，但生活較不積極。

丑、未宮：（對宮天機）——思想超脫幻想也多，勞心但能忙裡偷閒。

寅、申宮：（天同同宮）——注重精神生活，追求安定。

卯、酉宮：（太陽同宮）——思想超脫，有助人之心。

辰、戌宮：（天機同宮）——思想超脫幻想也多，勞心但能忙裡偷閒。

巳、亥宮：（對宮天同）——雖能樂天但多思多慮。

【七殺】

七殺福德宮，一般而言主有理想，但也容易理想過高。

子、午宮：（對宮武曲、天府）——勞心或容易心急而短慮。

丑、未宮：（廉貞同宮）——忙碌而不安，思考容易武斷。

寅、申宮：（對宮紫微、天府）——理想過多，容易感覺不得志。

卯、酉宮：（武曲同宮）——勞心或容易心急而短慮。

辰、戌宮：（對宮廉貞、天府）——喜忙碌，精神享受較不足或有感情挫折。

巳、亥宮：（紫微同宮）——理想過多，容易感覺不得志。

※七殺 + 四煞星：容易感到懷才不遇或內心多抱怨。

【破軍】

破軍入福德宮，一般而言人生不易清閒。

子、午宮：（對宮廉貞、天相）——有理想抱負，不耐寧靜也不易專注目標，想做的事太多。

丑、未宮：（紫微同宮）——喜親力親為，易改變主意。

寅、申宮：（對宮武曲、天相）——喜親力親為，較勞心費神。

卯、酉宮：（廉貞同宮）——有理想抱負，不耐寧靜也不易專注目標，想做的事太多。

辰、戌宮：（對宮紫微、天相）——喜親力親為，易改變主意，也容易志大才疏。

巳、亥宮：（武曲同宮）——勞心且內心多反覆。

※破軍＋火星（鈴星）：內心較急躁焦慮。

※破軍＋擎羊（陀羅）：容易改變主意。

【天魁】

有祖蔭或得利於典章制度，喜清閒，利於學術研究。多貴人。

【天鉞】

有祖蔭或得利於典章制度，喜清閒，利於學術研究。多貴人。

【左輔】

寬厚、喜助人，有福報。

有才藝或喜歡球類、運動。

【右弼】

寬厚、喜助人，有福報。

有機智、反應快。

【文昌】

有文藝或才華，喜歡美好的事物。

【文曲】

有文藝或才華，喜歡風雅的事物。

【擎羊】

好勝、勞心。

【陀羅】

思考力強，但行動力不足。

【火星】

主觀較強、脾氣較急躁。

【鈴星】

擇善固執，遇不公平待遇容易放在心上。

【地空】

不喜傳統的約束，有前衛性的思維、幻想多或理想過高。

【地劫】

不喜歡受到社會約束，防行事疏狂。

【祿存】

有福氣唯精神面有孤虛感。

【天馬】

情緒或思緒容易波動。

【天刑】

思想容易混亂或感到孤獨。

【天姚】

有藝術或美學的才氣。

有異性緣。

【紅鸞】

有人緣。

【天喜】

有人緣。

【咸池】

主異性緣或情慾。

【大耗】

較勞心。

【天哭、天虛】

主內心痛苦或情感困擾。

兩顆星一同出現時，現象較明顯。

【孤辰、寡宿】

主精神空虛。

兩顆星一同出現時，現象較明顯。

【華蓋】

孤高，主文學、哲學或喜神秘事物，易有宗教信仰或接觸命理。

【天空】

主思想超脫，不易為人理解。

主有理想，時有精妙之思維及創意。

喜幻想。

【陰煞】

較不開朗。

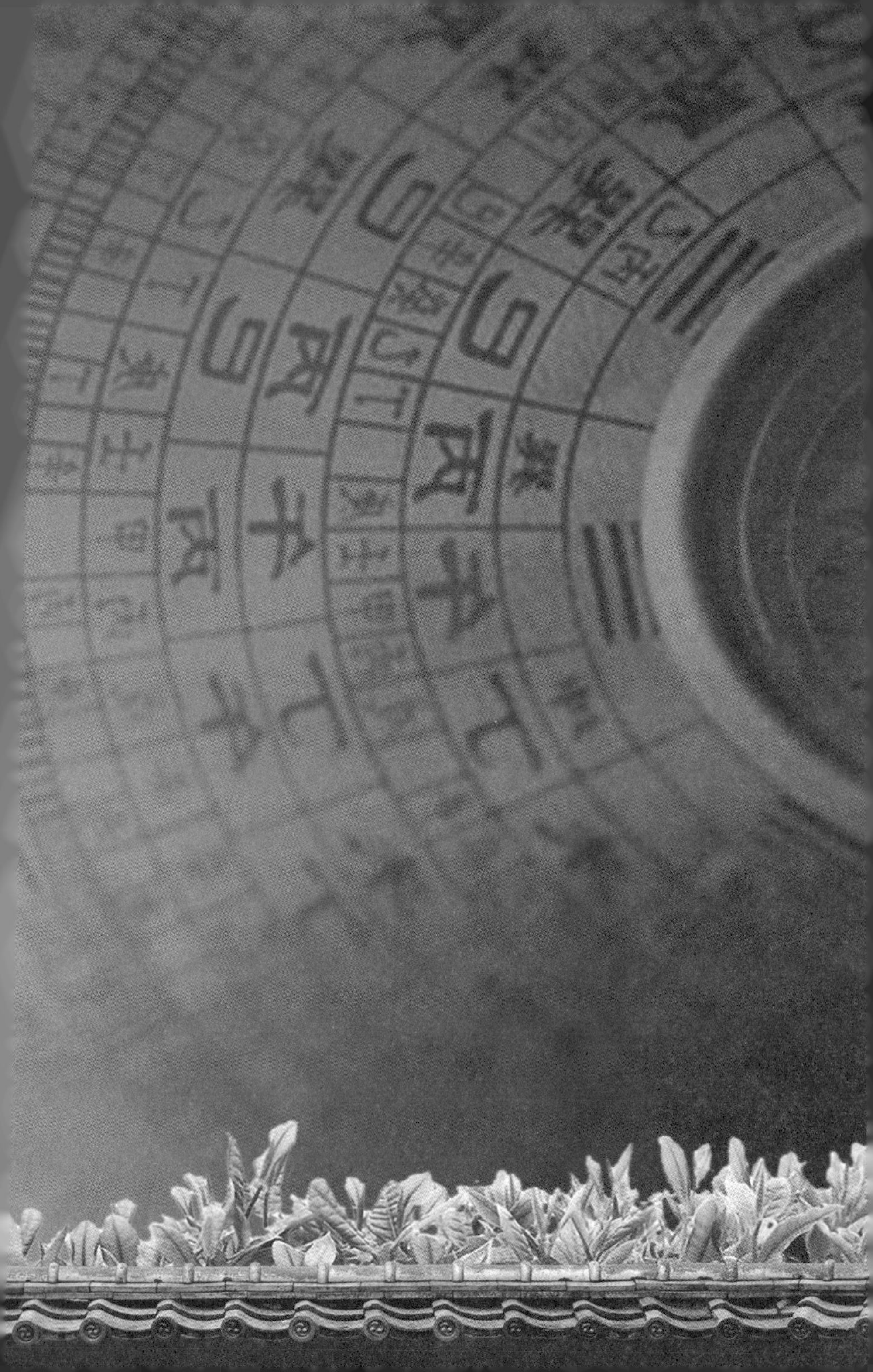

第十六章

父母宮星曜解說

「父母宮」代表父母的個性、才華，與父母的緣份及相處好壞，廣義而言涵蓋長輩、主管、師長，父母宮的對宮為疾厄宮，來自父母的照顧關係著我本人的健康，父母宮的三方為子女宮及交友宮，本人與子女的相處及對子女的管教常與童年與父母的相處經驗有關，而交友的選擇也常常受到父母的影響。

【紫微】

※父母宮有紫微，父母有威嚴。

子、午宮：（對宮貪狼）——父母主觀強，但耳根子軟。

丑、未宮：（破軍同宮）——父母掌權，聚少離多或本人早年離家發展。

寅、申宮：（天府同宮）——可得父母照顧，但父母主見強。

卯、酉宮：（貪狼同宮）——父母主觀強，但耳根子較軟。

辰、戌宮：（天相同宮）——父母掌權，聚少離多或本人早年離家發展。

巳、亥宮：（七殺同宮）——父母主見強。

【天機】

子、午宮：（對宮巨門）——父母反應敏銳、較嘮叨。

丑、未宮：（對宮天梁）——父母喜高談闊論，對我有助力。
寅、申宮：（太陰同宮）——與父母感情易有波動或疏離，或本人早年離家發展。
卯、酉宮：（巨門同宮）——與父母較緣薄或彼此易有口舌是非。
辰、戌宮：（天梁同宮）——父母關心多，有助力但未必長久。
巳、亥宮：（對宮太陰）——與父母感情易有波動或疏離，或本人早年離家發展。

【太陽】

子宮：（對宮天梁）——父親助力小或緣薄。
午宮：（對宮天梁）——父母照顧我、有助力。
丑、未宮：（太陰同宮）——與父母感情和諧。
寅、申宮：（巨門同宮）——與父母之一不和，易有代溝。
卯宮：（天梁同宮）——一般而言可得父母福蔭。
酉宮：（天梁同宮）——父母助力不大，或本人早年出外發展。
辰宮：（對宮太陰）——父母處事中庸，對我關愛。
戌宮：（對宮太陰）——與父親較緣薄，或本人早年離家發展。

巳、亥宮：（對宮巨門）——父母愛嘮叨，易有代溝。

【武曲】

子、午宮：（天府同宮）——父母善於賺錢及理財，在物質上能照顧我。

丑、未宮：（貪狼同宮）——與父母較緣薄（聚少離多或價值觀差異大）或不容易得到父母寵愛。

寅、申宮：（天相同宮）——與父母較不親近或父母之照顧不足。

卯、酉宮：（七殺同宮）——父母敏銳性急主見強，而使相處易有是非或本人早年離家發展。

辰、戌宮：（對宮貪狼）——與父母較緣薄（聚少離多或價值觀差異大）或不容易得到父母寵愛。

巳、亥宮：（破軍同宮）——父母性剛果決，與父母之間感情不融洽。

※武曲＋火星：與父母之間易有爭執。

※武曲＋擎羊：與父母之間易有爭執。

【天同】

子、午宮：（太陰同宮）——父母有情，與父母能相處和諧。

丑、未宮：（巨門同宮）——父子易有不和，或是與父親年齡差異較大。

寅、申宮：（天梁同宮）——父母有情，能給予我照顧。

卯、酉宮：（對宮太陰）——父母有情，與父母能相處和諧。

辰、戌宮：（對宮巨門）——父子易有不和，或是表面和好但彼此易有爭辯。

巳、亥宮：（對宮天梁）——父母有情，能給予我照顧。

【廉貞】

※父母宮有廉貞，能得到父母的庇蔭不多，或與父母感情較不和諧。

子、午宮：（天相同宮）——父母有責任感，能給予我照顧，但彼此相處未必和諧。

丑、未宮：（七殺同宮）——父母辛勞中開創，對子女較有威嚴，與父母之一緣份較薄。

寅、申宮：（對宮貪狼）——父母有才藝、人緣好，但易有偏見，本人容易早年出外發展。

卯、酉宮：（破軍同宮）——兩代之間易有是非，與父母緣薄。
辰、戌宮：（天府同宮）——父母有責任感，能給予我照顧。
巳、亥宮：（貪狼同宮）——父母有才藝、人緣好，但易有偏見，本人容易早年出外發展。
※廉貞＋天馬：本人早年離家發展。

【天府】

子、午宮：（武曲同宮）——父母善於賺錢及理財，可得到父母在金錢上的幫助。
丑、未宮：（對宮廉貞、七殺）——父母善於守財，較為謹慎保守。
寅、申宮：（紫微同宮）——父母經濟好，可得到父母照顧。
卯、酉宮：（對宮武曲、七殺）——父母有威嚴，彼此易有距離。
辰、戌宮：（廉貞同宮）——父母有責任感，能給予我照顧。
巳、亥宮：（對宮紫微、七殺）——父母孤高掌權較有威嚴，性格也較強烈有其獨特的思想。
※天府＋擎羊：與父母意見不合。

※天府＋祿存：父母喜歡控管錢財，不放心交付子女。

【太陰】

子宮：（天同同宮）——父母有情，與父母能相處和諧。
午宮：（天同同宮）——父親關愛多於母親或母親比父親早亡。
丑、未宮：（太陽同宮）——與父母感情和諧。
寅、申宮：（天機同宮）——與父母感情易有波動或本人早年離家發展。
卯宮：（對宮天同）——父親關愛多於母親或母親比父親早亡。
酉宮：（對宮天同）——父母有情，與父母能相處和諧。
辰宮：（對宮太陽）——與父親較緣薄或我早年離家發展。
戌宮：（對宮太陽）——母親關愛多於父親或父親比母親早亡。
巳宮：（對宮天機）——與母親感情易有波動或本人早年離家發展。
亥宮：（對宮天機）——與父親感情易有波動或本人早年離家發展。

【貪狼】

子、午宮：（對宮紫微）——父母主觀強但耳根子較軟。

丑、未宮：（武曲同宮）——父母耿直豪爽，事業有成或善於賺錢。

寅、申宮：（對宮廉貞）——父母有才藝、人緣好，與父母有代溝，本人容易早年離家發展。

卯、酉宮：（紫微同宮）——父母主觀強但耳根子較軟。

辰、戌宮：（對宮武曲）——父母耿直豪爽，事業有成或善於賺錢。

巳、亥宮：（廉貞同宮）——父母有才藝、人緣好，與父母有代溝，本人容易早年離家發展。

【巨門】

※父母宮有巨門，與父母較緣薄（聚少離多或價值觀差異大）或由親人帶大。

巨門不宜入六親宮，主寡合。

子、午宮：（對宮天機）——父母反應敏銳、較嘮叨，多是非、口舌，宜認義父母。

丑、未宮：（天同同宮）——父子易有爭辯，或是與父親年齡差異較大。

寅、申宮：（太陽同宮）——與父母之一不和、易有代溝或多無謂之爭執。
卯、酉宮：（天機同宮）——父母反應敏銳、較嘮叨，多是非、口舌，宜認義父母。
辰、戌宮：（對宮天同）——父子易不和，或是表面和好但彼此易有爭辯。
巳、亥宮：（對宮太陽）——父母愛囉唆、嘮叨，易有代溝或多無謂之爭執。

【天相】

子、午宮：（廉貞同宮）——父母有責任感，能給予我照顧，但彼此相處未必和諧。
丑、未宮：（對宮紫微、破軍）——父母掌權，聚少離多或本人早年離家發展。
寅、申宮：（武曲同宮）——與父母較不親近。
卯、酉宮：（對宮廉貞、破軍）——兩代之間易有是非，與父母緣薄。
辰、戌宮：（紫微同宮）——父母處事謹慎，有威嚴與助力。
巳、亥宮：（對宮武曲、破軍）——父母性剛果決，與父母較不親近。
※天相＋天魁（天鉞）：與父母相處和諧。

【天梁】

※父母宮有天梁，一般而言可以得到父母照顧或助力。

子宮：（對宮太陽）——父母會替我著想，得父母助力。
午宮：（對宮太陽）——父母關心我、有助力，但父母之一主見強。
丑、未宮：（對宮天機）——父母關心我、有助力。
寅、申宮：（天同同宮）——易各自為政或早年父母之一疏於照顧，或本人早年離家發展。
卯宮：（太陽同宮）——可以得到父母福蔭。
酉　宮：（太陽同宮）——隨著年長，兩代關係容易疏離。
辰、戌宮：（天機同宮）——父母關心多，有助力但未必長久。
巳、亥宮：（對宮天同）——易各自為政或早年父母之一疏於照顧，或本人早年離家發展。
※天梁＋祿存：與父母之一相處不和諧。

【七殺】

※父母宮有七殺，與父母易有代溝，早年離家或父母之一疏於照顧。
子、午宮：（對宮武曲、天府）——父母話不多，喜怒易形於色。

丑、未宮：（廉貞同宮）——父母對子女較有威嚴，與父母之一緣份較薄。
寅、申宮：（對宮紫微、天府）——可得父母照顧，但父母主見強。
卯、酉宮：（武曲同宮）——父母敏銳性急，彼此易有是非。
辰、戌宮：（對宮廉貞、天府）——父母對子女較有威嚴，話不多。
巳、亥宮：（紫微同宮）——父母主見強、有威嚴。

【破軍】

※父母宮有破軍，與父母之一較緣薄（聚少離多或價值觀差異大）。
子、午宮：（對宮廉貞、天相）——父母個性較寡合，緣薄或代溝大。
丑、未宮：（紫微同宮）——父母掌權，代溝深或聚少離多。
寅、申宮：（對宮武曲、天相）——父母個性剛強，緣薄或代溝大。
卯、酉宮：（廉貞同宮）——兩代之間易有是非。
辰、戌宮：（對宮紫微、天相）——父母掌權，聚少離多或本人早年離家發展。
巳、亥宮：（武曲同宮）——父母性剛果決，與父母較緣薄。

【天魁】
本人身家清白，頭腦聰明，可得父親、長輩之助力。

【天鉞】
本人身家清白，頭腦聰明，可得母親、長輩之助力。

【左輔】
父母之一較隨和。
本人學業有二度之現象（含重考或再進修）或有認義父母（含認神明為義父母）之現象。

【右弼】
父母之一較專制。
本人學業有二度之現象（含重考或再進修）或有認義父母（含認神明為義父母）之現象。

【文昌】

需為父母憂心，也表示本人智商高。

【文曲】

易得父母幫助，也表示本人智商高。

【擎羊】

父母掌權，兩代之間相處易有磨擦。

【陀羅】

父母固執，兩代之間易有不順、是非。

【火星】

父母性剛、性浮、外向，主觀較強。與父母之間相處易有爭執。

【鈴星】

父母性烈、性沉、內向，擇善固執。

與父母之間相處易有爭執或冷戰。

【地空】

父母的關懷不完整，或相處易橫生波折。

【地劫】

父母的關懷不完整，或相處易橫生波折。

【祿存】

父母耿直、上進、節儉、能刻苦耐勞。

兩代之間感情較不融洽。

父母之一精神面易感孤虛。

【天馬】

父母之一個性較浮動外向，或是常在外奔波。

【天刑】

兩代之間價值觀、人生觀差異大。

【天姚】

父母喜歡聊天，有藝術或美學的才氣。

【紅鸞】

父母個性較溫和。

【天喜】

父母個性較溫和。

【咸池】

桃花星，父母之一具異性緣或情慾。

【大耗】

父母助力少或代溝大。

【天哭、天虛】

親情溫暖較不足。

兩顆星一同出現時，現象較明顯。

【孤辰、寡宿】

與父母互動較缺乏熱情。

兩顆星一同出現時，現象較明顯。

【華蓋】

父母個性較孤高。

【天空】

父母有理想或其思想較超脫，有時難以理解。

【陰煞】

父母之一個性較不開朗。

第十七章 飛宮四化象

17.1 四化的種類

紫微斗數的「四化」功能共有三種：

1、生年四化
2、飛宮四化
3、自化

【生年四化】

「生年四化象」也就是依據出生那一年的天干所排出來的四化象，細節如本書第三章及第四章介紹。例如甲年出生的人，甲天干使得廉貞星化祿、破軍星化權、武曲星化科、太陽星化忌，換一個角度如果廉真星是落在子女宮，也可以說是子女宮有生年化祿，或是子女宮有生年廉貞星化祿。

坊間的「天干四化表」依派別的不同而略有不同，但大致上是大同小異。

※天干四化表

天干	化祿	化權	化科	化忌
甲	廉貞	破軍	武曲	太陽
乙	天機	天梁	紫微	太陰
丙	天同	天機	文昌	廉貞
丁	太陰	天同	天機	巨門
戊	貪狼	太陰	右弼	天機
己	武曲	貪狼	天梁	文曲
庚	太陽	武曲	太陰	天同
（辛）	巨門	太陽	文曲	文昌
壬	天梁	紫微	左輔	武曲
癸	破軍	巨門	太陰	貪狼

*生年四化以祿忌一組屬陽；權科一組屬陰。

【飛宮四化】

紫微斗數總共有十二宮，每一宮位都有一個宮干（宮位的天干），每一宮都可以由該宮的宮干飛出四化象到別的宮位，也就是「飛宮四化象」。飛宮四化象讓紫微斗數「宮位」之間彼此產生了互動與連結。舉例而言：

※飛宮四化（依宮位之宮干來看四化象）

若是一張命盤的命宮，宮干為「戊」，則參考「天干四化表」戊天干使得貪狼星化祿、太陰星化權、右弼星化科、天機星化忌。

當「戊」干使得貪狼化祿，而貪狼星落在「夫妻宮」時，依飛宮學的理論則稱為命宮化祿到夫妻宮，或命宮貪狼化祿到夫妻宮，也就是本人對配偶有情有緣的意思。

使用飛宮四化時習慣以英文字母Ａ、Ｂ、Ｃ、Ｄ分別代表祿、權、科、忌的意思。

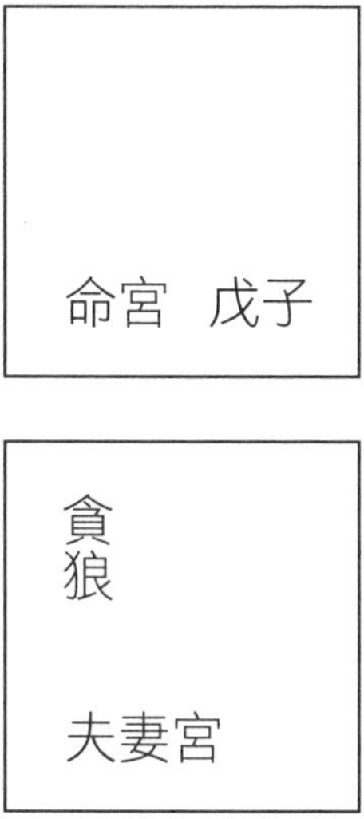

命宮的宮干「戊」使得貪狼星化祿，而貪狼星恰好落在「夫妻宮」

公式的表達為

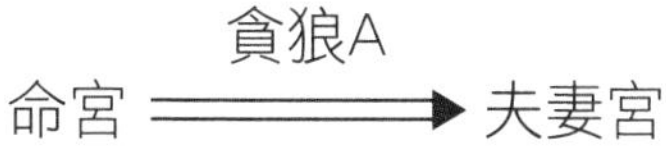

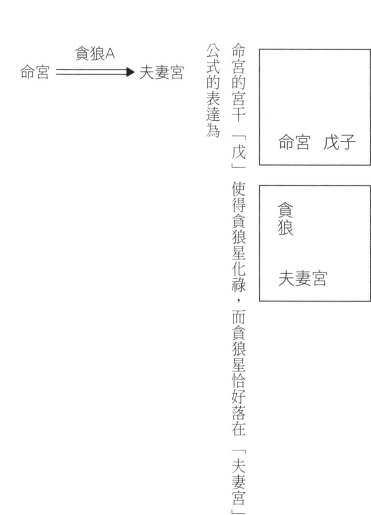

此時命宮稱為「化出宮」也稱為「發射宮」，而夫妻宮則稱為「化入宮」，命宮化祿（A）到夫妻宮，意思是說本人對配偶緣濃情深。

完整的飛宮四化象限於篇幅不列入本書的內容，他日有緣再另行專書介紹，十二宮的每一宮都可以單獨飛出四化象到命盤十二宮（含本宮及其他十一宮），合計有 12x12=144 象，而四化象有四種（祿、權、科、忌）所以總計有 144 x4=576 象，是紫微斗數的精華。

本書限於篇幅只列出「命宮」飛出忌到命盤十二宮的解說，讓初學者能初窺飛星四化的應用。

☆命宮化D入命宮：屬於命宮有「自化忌」，本人個性固執，容易感到不順心或事與願違。

☆命宮化D入兄弟宮：對兄弟姊妹關心，但相處易有是非、不順。

☆命宮化D入夫妻宮：關心配偶，但會約束對方，相處易有不順。

☆命宮化D入子女宮：子女少、得子遲。

☆命宮化D入財帛宮：賺錢辛苦、守財。

☆命宮化D入疾厄宮：身體瘦或健康不佳。
☆命宮化D入遷移宮：常往外跑，出外少貴人。
☆命宮化D入交友宮：重友情，但朋友少、需防小人。
☆命宮化D入事業宮：努力敬業，工作有責任感，但不順心。
☆命宮化D入田宅宮：常待在家，對家庭有責任感。
☆命宮化D入福德宮：執著於興趣與嗜好。
☆命宮化D入父母宮：孝順父母但拙於表達。

依「氣言往來」的原則，飛宮化出的祿、權、科會「照」對宮，飛宮化出的忌則會「沖」對宮。

☆命宮化D入命宮：屬於離心力自化，本人自尊心強、個性較執著，而影響人生的際遇。
☆命宮化D入兄弟宮沖交友宮：與朋友緣薄（指朋友少或價值觀差異大）。
☆命宮化D入夫妻宮沖事業宮：事業多變動，容易感到懷才不遇。
☆命宮化D入子女宮沖田宅宮：小時家境不佳或父母之一疏於照顧，或年輕時就離家發展。

☆命宮化Ｄ入財帛宮沖福德宮：捨不得享受或有福不會享。

☆命宮化Ｄ入疾厄宮沖父母宮：與父母緣薄（指聚少離多或代溝大）。

☆命宮化Ｄ入遷移宮：屬於向心力自化，個性固執而容易感到不順心。

☆命宮化Ｄ入交友宮沖兄弟宮：與手足之一緣薄（指聚少離多或價值觀差異大），長大宜分居，異地而居更好。

☆命宮化Ｄ入事業宮沖夫妻宮：與配偶緣薄（指聚少離多或價值觀差異大），宜晚婚。

☆命宮化Ｄ入田宅宮沖子女宮：與子女之一緣薄（指聚少離多或價值觀差異大），子女長大宜出外發展。

☆命宮化Ｄ入福德宮沖財帛宮：有特定嗜好而花費多。

☆命宮化Ｄ入父母宮沖疾厄宮：後天之疏於照顧健康。

生年四化有自化單象、雙象甚至是三象同宮（或本對宮），同理，飛宮四化也會有單象、雙象甚至是三象飛入同宮（或其本對宮）。

第十八章

十二宮自化象

18.1 自化的表示

在「飛宮四化」的體系之中，有兩種較特殊的狀況，

1、如果「化入宮」等於「化出宮」（稱為離心力自化）

2、如果「化入宮」等於「化出宮」的對宮（稱為向心力自化）

以上兩種情形都可以稱為「自化」，所以自化就分為「離心力自化」與「向心力自化」兩種。

例如命宮化A入命宮稱為離心力自化祿，命宮化A入遷移宮則稱為向心力自化祿，以上兩種情形都可以稱命宮有自化祿，也可以用自化A來表示。

一般習慣上常用自化A、自化B、自化C、自化D分別代表自化祿、自化權、自化科、自化忌的意思。

自化可以區分為「離心力自化」與「向心力自化」。

1、離心力自化

如果「化入宮」等於「化出宮」則稱為「離心力自化」，例如命宮化A入命宮，則稱為命宮有離心力自化A。

太陰
A
命宮 丁酉

命宮的宮干「丁」使得太陰星化祿，而太陰星恰好落在「化出宮」自己的宮位內，也就是「命宮」之內，在命盤的表示方式則是在太陰星的下方寫上英文字母「A」。

2、向心力自化

如果「化入宮」等於「化出宮」的對宮則稱為「向心力自化」，例如財帛宮的宮干「壬」使得紫微星化權，而紫微剛好落入財帛宮的對宮（也就是福德宮），「化入宮」等於「化出宮」的對宮，則稱為財帛宮有向心力自化B。

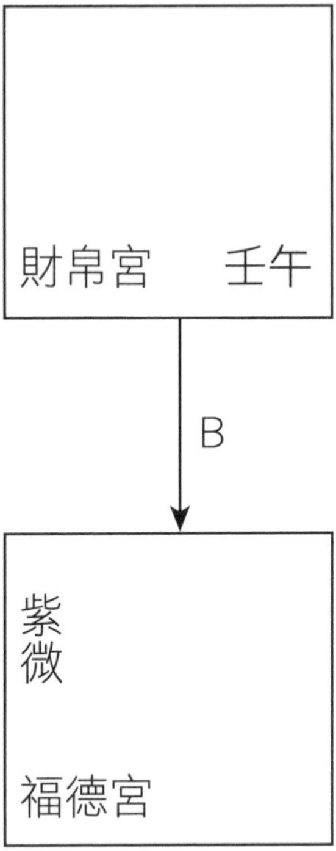

一般而言，可以由財帛宮直接畫一條線↓到福德宮，在箭頭附近寫上英文字母「B」代表向心力自化B。（這是較常用的寫法）

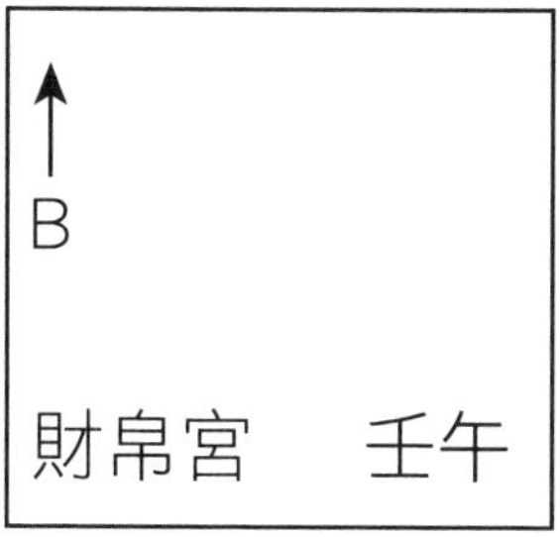

而作者本人則習慣直接在自化B的上面，畫一個向上的箭號，代表「向心力」自化。

（這只是作者個人的習慣寫法）

18.2 十二宮自化象

任何宮位沒有生年四化象而有自化象時，基本的意義「類似」（但不盡相同）該宮位有生年四化象（同象）來解釋，例如命宮有自化A時，其基本的意思類似命宮有生年化祿時的解釋，然而有兩點是必須注意的：

1、生年四化的力量大於自化

2、自化具有不穩定的現象（該宮位呈現出不穩定之現象）

以下就十二宮有自化祿（自化A）、自化權（自化B）、自化科（自化C）、自化忌（自化D）的意義做出說明：

【命宮】

自化A

有才華、隨和、做事較無恆心。

忙碌中得財或得人緣之財。

自化B

有才華、能力、主觀強，喜歡掌權或領導別人。

自化C

有風度、溫和斯文、好學習。

自化D

固執、個性直、敏感，自尊心強有時反而顯得有點自卑。

【兄弟宮】

自化A

兄弟姊妹之間有情有緣。

自化B

兄弟姊妹之間易有磨擦。

自化C

兄弟姊妹之間能互相關懷。

自化D

兄弟姊妹之間的相處，易有不順與是非。

【夫妻宮】

自化A

夫妻有情有緣，配偶常來自於自由戀愛而認識。

自化B

夫妻易有爭執、爭權、磨擦。

自化C

配偶溫和有情。

自化D

夫妻相處易有是非、不順。

不利與合人合夥。

女性首次懷孕時宜注意安胎。

【子女宮】

自化A

子女聰明。

本人異性緣好，較熱情。

自化B

子女自我意識強，不喜受約束。

本人感情桃花方面，佔有慾較強。

自化C

子女秀氣聰明。

本人異性緣好，較浪漫。

自化D

得子遲。

桃花易有是非、不順，也容易緣滅。

【財帛宮】

自化A

賺錢的念頭強，可得財唯花錢也較輕鬆。

自化B

賺錢的慾望強，敢賺敢花。

自化C

對錢財的運用有計畫性，能量入為出。

自化D

賺錢較辛苦。

錢財不易守緊。

【疾厄宮】

自化A

脾氣好，不與人斤斤計較。

幼年身體較多毛病。

自化B

主觀強、好勝，不喜吃虧。

身體易有跌碰傷，小時候較明顯。

自化C

脾氣溫和，身體容易有小毛病。

自化D

體質較弱。

個性較率直。

【遷移宮】

自化A

出外人緣好，他鄉發展有利。

自化B

出外較具開創性，唯多爭執、競爭。

自化C

出外有貴人，適合外地求學。

自化D

【交友宮】

自化A
與朋友有緣，易得朋友之助。

自化B
朋友有能力、才華，唯朋友與我易有爭執。

自化C
朋友之間能和諧相處，不太計較利害得失。

自化D
朋友較自私自利，不宜借錢或投資朋友。
朋友之間多是非、不順，出外較不順心。

【事業宮】

自化A
職場上人緣好，忙碌中得財。

自化B
工作能力強、具開創性，事業心重。
自化C
處世較有風度，做事有計畫。
自化D
職場不穩定，易犯小人。
適合當上班族，不宜創業。

【田宅宮】

自化A
喜置產。
與家人相處較有情。
自化B
與家人易有磨擦或意見不合。
自化C

家中溫馨樸實，家人相處和諧。

自化D

首次購置不動產過程易有不順。

小時候家運較差或較常搬家。

【福德宮】

自化A

有福慧、有悟性。

捨得享受或為興趣與嗜好而花費。

自化B

主觀強，敢享受。

心境較不易清閒。

自化C

有風度、有助人之心，生活有計畫。

自化D

較勞心勞力，享受少或有福不會享。

不開朗。

【父母宮】

自化A

聰明，可得父母或長輩之助力。

自化B

父母較有威嚴。

自化C

得父母或長輩關心。

自化D

與父母易有代溝或聚少離多。

不易得到長輩賞識。

生年四化有自化單象、雙象甚至是三象同宮（或本對宮），同理，自化也會有單象、雙象甚至是三象同宮（或本對宮）。

18.3 四化的論斷技巧

任何宮位論其四化之有無，共可分為以下幾種：

1、該宮位無生年四化象也無自化象

除該宮位星曜性質之解說外，可參考飛宮四化象之說明（第17章）。

2、該宮位有生年四化象而無自化象

除該宮位星曜性質之解說外，依第3章及第4章之說明。

3、該宮位無生年四化象而有自化象

除該宮位星曜性質之解說外，依本章（第18章）之說明。

4、該宮位有生年四化象又有自化象

屬於生年四化象的再變化。

具備了雙象的性質，如生年化科＋自化D則具有科忌雙象的性質。

第十九章

紫微斗數格局

所謂「格局」是指特定的星曜落入特定的宮位，形成較特殊的現象時就可以稱為符合某種「格局」，格局配合生年四化象可用來判斷一張命盤的富貴榮枯，自古以來紫微斗數的著作之中對「格局」有許多的著墨，作者篩選其中較重要的部分整理如下，論斷紫微命盤時宜將「生年四化象」與星曜的「格局」相互參考，不可以只重視格局而忽略了生年四化象。

紫微斗數格局

	格局名稱	成立條件	備註
1.	殺破狼格	命宮的三方位，同時出現七殺、破軍、貪狼	主積極、開創
2.	機月同梁格	命宮的四正位，同時出現天機、太陰、天同、天梁	有企劃力及協調能力宜企劃、幕僚、設計
3.	陽梁昌祿格	命宮的四正位，同時出現太陽、天梁、文昌、祿存	有讀書天分考運佳
4.	祿馬交馳格	命宮或財帛宮，有天馬＋祿存（天馬遇生年化祿，也可以符合此格局）	主財運佳
5.	祿合鴛鴦格	命宮或財帛宮，有祿存＋生年化祿	主財運佳

6.	雙祿朝垣格	祿存與生年化祿，一在命宮、一在財帛宮	主財運佳
7.	石中隱玉格	巨門入命宮，位居子宮或午宮	有才華與內涵 經努力而成功 女性貌美
8.	天府守成格	天府入命宮，位居戌宮	利於守成 穩定中求發展
9.	極嚮離明格（帝星得貴格）	紫微入命宮，位居午宮	得貴人之助 易有事業成就或致富
10.	日麗中天格	太陽入命位，居午宮	個性大方豪爽、易有眼疾 事業有成 防鋒芒畢露

11.	日照雷門格（旭日東升格）	太陽入命宮，位居卯宮	光明、正直 具領導才能 容易出名或事業成就
12.	蟾宮折桂格	命宮同時有太陰星及文曲星	有謀略、有內才 格局高者精通命理
13.	月照寒潭格	太陰入命位居戌宮	聰明機智、感情豐富
14.	水澄桂萼格	天同及太陰同守命宮，位居子宮	清高、光明磊落 可得清要之職
15.	月朗天門格	太陰入命宮，位居亥宮	溫和、斯文、喜研究學問 心思細膩、有人緣
16.	壽星入廟格	天梁入命位居午宮	心地光明、性情磊落 孤高、易有精神困擾

17.	英星入廟格	破軍入命宮，位居子宮或午宮	喜創新、有改革力 實事求是 易離鄉發展、出國運佳
18.	馬頭帶箭格	天同＋太陰＋擎羊入命宮，位居午宮	宜武職（軍、警、保全）或工程人員
19.	桃花犯主格	紫微、貪狼同坐命宮或子女宮	兩性觀念開放、具情慾 易有感情困擾或桃色糾紛 對於美有品味
20.	氾水桃花格	貪狼與擎羊同入命宮 位居子宮	情慾強 防貪色招禍
21.	風流綵杖格	貪狼與陀羅同入命宮 位居寅宮	多風流韻事 易有感情困擾或桃色糾紛

22.	雄宿朝垣格	1、廉貞坐命宮，位居申宮 2、命宮七殺、廉貞同度，位居未宮	個性強有魄力，自我要求高 經歷辛苦而有成
23.	財蔭夾印格	天相入命宮，生年化祿與天梁 分別在兄弟宮及父母宮來夾命宮	主富貴，也主快樂享受
24.	刑囚夾印格	命宮坐天相星 生年化忌與擎羊（另一說法為廉貞與擎羊） 分別在兄弟宮及父母宮來夾命宮	個性強 易有官司、是非
25.	羊陀夾忌格	擎羊、陀羅所夾之宮有生年化忌	所夾之宮位不吉
26.	日月同臨格	太陽＋太陰坐命宮，在丑宮或未宮	有活力，個性中庸不偏激 容易猶豫不決 利於求名

27.	日月照壁格	太陽＋太陰坐田宅宮，在丑宮或未宮	可有許多不動產
28.	日月反背格	太陽在戌宮坐命宮，太陰在辰宮	感情多困擾、勞碌辛苦 與父母之一較緣薄 早年離鄉
29.	日月夾命格	天府入命宮，位居未宮 太陽及太陰分別在兄弟宮及父母宮來夾命宮	得貴人相助而成功 財運佳
30.	紫府同宮格	紫微、天府同坐命宮，位居寅宮或申宮	易有成就及財富 唯精神面易感空虛
31.	府相朝垣格	天府、天相分居財帛宮或事業宮，三方來拱照命宮	有貴人，利從商 也利於仕途

32.	紫府朝垣格	紫微、天府分居財帛宮或事業宮，三方來拱照命宮	易有社會成就得貴人助力
33.	巨機同臨格	巨門、天機同坐命宮，位居卯宮或酉宮	口才好、有才藝富研究心、早年較辛苦
34.	巨日同宮格（巨日競爭格）	巨門、太陽同坐命宮，位居寅宮或申宮	個性強、口才好利於競爭而得勝與海外有緣或喜國外事物
35.	七殺朝斗格	七殺坐命宮位居寅宮或申宮	有原則，得貴人而成功毅力強，辛勞而有成
36.	文桂文華格	文昌、文曲同入命宮，位居丑宮或未宮	聰明、好學、有才華宜文學、藝術方面發展

37.	三奇嘉會格	生年化祿、化權、化科 分別在命宮之三方四正	名利雙收 有逢凶化吉之力
38.	左右同宮格	左輔右弼同坐命宮，在丑或未宮	好讀書、反應好 人生因特殊際遇而成功
39.	甲弟登庸格 （巧藝隨身格）	生年化科坐命宮 化權在命宮之三方會照	主文藝、才藝、技藝 因專業而成功
40.	祿權尋逢格 （祿權生意格）	生年化祿及化權，同坐命宮 或一居命宮一居遷移宮	財官雙美 有專業又有經商之能力
41.	科名會祿格	生年化科坐命宮，三方有化祿來會 照	宜文職 利於求學、考試
42.	祿會科名格	生年化祿坐命宮，三方有化科來會 照	主名利

43.	輔拱文星格	文昌或文曲坐命宮 三方四正有左輔、右弼來拱照	才華聰敏 利於求學、考試
44.	機梁加會格 （機梁高藝格）	天機及天梁同坐命宮	智慧高、有智謀 有專長
45.	武貪格 （貪武同行格）	武曲及貪狼同坐命宮，位居丑宮或 未宮	個性堅毅 中年後有橫發的格局 發後務必守成
46.	火貪格	貪狼、火星同坐命宮	有橫發的格局 發後需守成
47.	鈴貪格	貪狼、鈴星同坐命宮	有橫發的格局 發後需守成
48.	坐貴向貴格	天魁、天鉞一在命宮，一在遷移宮	多貴人提拔（多為長輩） 人生際遇佳

49.	昌曲對拱格	文昌、文曲一在命宮，一在遷移宮	利於外地發展 或賺外地之財
50.	文星夾命格	文昌、文曲 分別在兄弟宮及父母宮來夾命宮	主聰明、俊秀 受人提拔而魚躍龍門
51.	文星拱命格	文昌坐命宮 位居亥、子、丑宮	主聰明、俊秀 利於學術、考試
52.	貴星夾命格	天魁、天鉞 分別在兄弟宮及父母宮來夾命宮	中年前易有貴人 人生際遇佳
53.	廉貞文武格	廉貞入命宮，位居寅宮或申宮 文昌或文曲同宮	文武兼備、慎謀而後動
54.	兼文武格	文曲、武曲同在命宮	文武雙全
55.	命無正曜格	命宮無十四主星	個性有不美之處 六親之一緣薄

56.	鈴昌陀武格	命宮的三方四正 同時出現鈴星、文昌、陀羅、武曲	避免危險水域游泳 注意行車安全
57.	四夷互市格	廉貞坐命宮 位居寅、申、巳、亥宮	利於遠行或出國 宜貿易或賺外國人之錢
58.	將星得地格	命宮武曲 位居丑、未、辰、戌宮	開創力強 奮鬥有成但辛勞難免
59.	空劫守命格	命宮無十四主星 地空與地劫同入命宮	想法與行為較獨特 行事超脫世俗而易疏狂 宜藝術或設計工作
60.	昌貪格	命宮貪狼與文昌同宮	浮華不務實 行事易顛倒
61.	日月並明格	命宮太陽位在辰宮 遷移宮太陰在戌宮	為人正直 處事練達 常是少年得志

第二十章

排紫微斗數命盤

20.1 注意事項

排紫微斗數命盤，需注意的幾個事項：

1、使用農曆

排命盤所用的時間，使用農曆（也就是太陰曆）。

2、不用換算時差

在外國出生的人，直接以當地時間對照農曆即可，不用再換算「時差」。

坊間部分派別強調要轉換時差，但作者依師承及實務經驗的驗證，建議讀者不必換算時差。

3、注意早子時及晚子時

晚上 23:01 ～ 24:00 稱為「晚子時」，清晨 00:01 ～ 01:00 稱為「早子時」，在排命盤時，晚上 23:01 ～ 24:00 出生的人，日期仍以「當日」的日期為主。

註：坊間部分派別或某些命理網站，並沒有區分早子時與晚子時，把 23:01 以後出生的人，直接認定為「隔日」出生，作者不建議採用這種方式。

4、潤月的排法

如果你是農曆「潤月」出生，潤月的 1~15 日歸屬到上個月，潤月的 16~30 日歸屬到下個月，例如潤 5 月的 1~15 日歸屬到 5 月份，潤 5 月的 16~30 日歸屬到 6 月份，若是使用網路或電腦排命盤，只要輸入西元的日期，電腦會自動計算潤月。

5、注意日光節約時間

以前為了鼓勵提早工作增加生產力，會在夏天的季節把「時鐘」的時間撥快 1 個小時，但這樣會造成真正的出生時間有誤記的可能，也就是在夏令時間或日光節約時間內出生的人，如果出生時鐘的時間為早上 9:30，那麼真正的出生時間應該為早上 8:30，讀者需注意這個問題。

※台灣地區實施日光節約時間表

年度	名稱	起迄日期
1945~1951	夏令時間	5月1日~9月30日

1952	日光節約時間	3月1日～10月31日
1953～1954	日光節約時間	4月1日～10月31日
1955～1956	日光節約時間	4月1日～9月30日
1957～1959	夏令時間	4月1日～9月30日
1960～1961	夏令時間	6月1日～9月30日
1974～1975	日光節約時間	4月1日～9月30日
1979	日光節約時間	7月1日～9月30日

20.2 排命盤

以2011年3月8日早上11:30出生的女性為範例。農曆為辛卯年2月4日午時。（可由萬年曆查詢得知）

步驟1：排十二宮的地支

十二宮的地支的位置是永遠不變的，如下表所示。

*十二宮的地支

巳	午	未	申
辰			酉
卯			戌
寅	丑	子	亥

步驟 2：排「命宮」

以農曆出生的月份以及出生的時間，找出紫微命盤之中「命宮」的所在位置。

例如農曆 2 月早上 11:30 出生的人，「命宮」落在酉宮。

（範例）

巳	午	未	申
辰	農曆 2月 4日 早上 11：30 出生		（命宮） 酉
卯			戌
寅	丑	子	亥

*查命宮所在宮位

時辰	早子	丑	寅	卯	辰	巳
出生時間／出生月份	00:01～01:00	01:01～03:00	03:01～05:00	05:01～07:00	07:01～09:00	09:01～11:00
1	寅	丑	子	亥	戌	酉
2	卯	寅	丑	子	亥	戌
3	辰	卯	寅	丑	子	亥
4	巳	辰	卯	寅	丑	子
5	午	巳	辰	卯	寅	丑
6	未	午	巳	辰	卯	寅
7	申	未	午	巳	辰	卯
8	酉	申	未	午	巳	辰
9	戌	酉	申	未	午	巳
10	亥	戌	酉	申	未	午
11	子	亥	戌	酉	申	未
12	丑	子	亥	戌	酉	申

晚子	亥	戌	酉	申	未	午
23:01 ∫ 24:00	21:01 ∫ 23:00	19:01 ∫ 21:00	17:01 ∫ 19:00	15:01 ∫ 17:00	13:01 ∫ 15:00	11:01 ∫ 13:00
寅	卯	辰	巳	午	未	申
卯	辰	巳	午	未	申	酉
辰	巳	午	未	申	酉	戌
巳	午	未	申	酉	戌	亥
午	未	申	酉	戌	亥	子
未	申	酉	戌	亥	子	丑
申	酉	戌	亥	子	丑	寅
酉	戌	亥	子	丑	寅	卯
戌	亥	子	丑	寅	卯	辰
亥	子	丑	寅	卯	辰	巳
子	丑	寅	卯	辰	巳	午
丑	寅	卯	辰	巳	午	未

步驟 3：排十二宮

知道『命宮』所在位置後，就將其他十一個宮職，依照逆時針的順序排入其他十一個宮位。十二宮職依序為命宮、兄弟宮、夫妻宮、子女宮、財帛宮、疾厄宮、遷移宮、交友宮、事業宮、田宅宮、福德宮、父母宮。

如命宮在酉宮時，則從申宮開始逆時針排入兄弟宮、未宮排入夫妻宮…依此類推。

（範例）

財帛宮 巳	子女宮 午	夫妻宮 未	兄弟宮 申
疾厄宮 辰	農曆 2 月 4 日 早上 11:30 出生		（命宮） 酉
遷移宮 卯			父母宮 戌
交友宮 寅	事業宮 丑	田宅宮 子	福德宮 亥

步驟 4：排十二宮之天干

十二個宮位，步驟 1 已經排出每個宮位的地支（宮支）之後，還需要排每個宮位的天干（宮干），例如查萬年曆 2011 年是「辛」卯年，辛年出生的人，寅宮的宮干為「庚」，卯宮的宮干為「辛」……依此類推。（依天干的順序順時針排入宮位）

（範例）

財帛宮 癸巳	子女宮 甲午	夫妻宮 乙未	兄弟宮 丙申
疾厄宮 壬辰	張小姐 農曆 2 月 4 日 早上 11:30 出生		命宮 丁酉
遷移宮 辛卯			父母宮 戊戌
交友宮 （庚寅）	事業宮 辛丑	田宅宮 庚子	福德宮 己亥

*安十二宮之天干

出生年干＼十二宮	寅	卯	辰	巳	午	未	申	酉	戌	亥
甲、己	丙	丁	戊	己	庚	辛	壬	癸	甲	乙
乙、庚	戊	己	庚	辛	壬	癸	甲	乙	丙	丁
丙、辛	庚	辛	壬	癸	甲	乙	丙	丁	戊	己
丁、壬	壬	癸	甲	乙	丙	丁	戊	己	庚	辛
戊、癸	甲	乙	丙	丁	戊	己	庚	辛	壬	癸

子	丙	戊	庚	壬	甲
丑	丁	己	辛	癸	乙

步驟5：查「五行局」

排紫微斗數命盤需找出每個人的「五行局」，以決定此人起運的時間。

例如辛年出生的人，命宮的位置在酉宮，查表得知「五行局」為「火六局」。

在排十年運勢時（以每十年為一個大運），水二局的人從兩歲起運，木三局的人從三歲起運，金四局的人從四歲起運，土五局的人從五歲起運，火六局的人從六歲起運。

※五行局

命宮位置＼出生年干	甲、己	乙、庚	丙、辛	丁、壬	戊、癸
子、丑	水二局	火六局	土五局	木三局	金四局
寅、卯	火六局	土五局	木三局	金四局	水二局
辰、巳	木三局	金四局	水二局	火六局	土五局
午、未	土五局	木三局	金四局	水二局	火六局
申、酉	金四局	水二局	（火六局）	土五局	木三局
戌、亥	火六局	土五局	木三局	金四局	水二局

步驟6：排大限

甲、丙、戊、庚、壬等「陽年」出生的男性在紫微斗數稱為「陽男」、女性稱為「陽女」，而乙、丁、己、辛、癸等「陰年」出生的男性在紫微斗數稱為「陰男」，女性稱為「陰女」。

紫微斗數除了本命盤以外，尚可推算每十年的運勢，也稱為十年大運（大限），每個宮位排不同的十年大運。

例如火六局的陰女，命宮為 6~15 歲的大運，父母宮為 16~25 歲的大運……依次類推。

（每十年走一個宮位，分為順時針及逆時針二種排列方式）。

※ 大限表

五行局	陰／陽	命宮	兄弟宮	夫妻宮	……	父母宮
水二局	陽男／陰女	2~11	112~121	102~111	依次類推	12~21
	陰男／陽女	2~11	12~21	22~31	依次類推	112~121
木三局	陽男／陰女	3~12	113~122	103~112	依次類推	13~22
	陰男／陽女	3~12	13~22	23~32	依次類推	113~122

金四局		土五局		火六局	
陽男／陰女	陰男／陽女	陽男／陰女	陰男／陽女	陽男／陰女	陰男／陽女
4～13	4～13	5～14	5～14	（6～15）	6～15
114～123	14～23	115～124	15～24	116～125	16～25
104～113	24～33	105～114	25～34	106～115	26～35
依次類推	依次類推	依次類推	依次類推	依次類推	依次類推
14～23	114～123	15～24	115～124	16～25	116～125

*以每十年為一個區間，依序排入一個宮位。

（大限範例）

財帛宮 86～95 癸巳	子女宮 96～105 甲午	夫妻宮 106～115 乙未	兄弟宮 116～125 丙申
疾厄宮 76～85 壬辰	張小姐 辛卯年 陰女 農曆 2 月 4 日 早上 11:30 出生 五行局：火六局		命宮 6～15 丁酉
遷移宮 66～75 辛卯			父母宮 16～25 戊戌
交友宮 56～65 庚寅	事業宮 46～55 辛丑	田宅宮 36～45 庚子	福德宮 26～35 己亥

步驟７：排紫微星系

以五行局及農曆生日日期，找出紫微星應該排入的宮位。

例如，農曆生日為４日，火六局出生的人，查表得知「紫微星」落在「辰」宮。

※排紫微星

生日／五行局	水二局	木三局	金四局	土五局	火六局
1.	丑	辰	亥	午	酉
2.	寅	丑	辰	亥	午
3.	寅	寅	丑	辰	亥
4.	卯	巳	寅	丑	(辰)
5.	卯	寅	子	寅	丑
6.	辰	卯	巳	未	寅
7.	辰	午	寅	子	戌
8.	巳	卯	卯	巳	未

20.	19.	18.	17.	16.	15.	14.	13.	12.	11.	10.	9.
亥	戌	戌	酉	酉	申	申	未	未	午	午	巳
未	戌	未	午	酉	午	巳	申	巳	辰	未	辰
午	巳	申	卯	巳	辰	未	寅	辰	卯	午	丑
巳	辰	未	寅	酉	辰	卯	午	丑	申	卯	寅
酉	子	辰	卯	午	丑	申	亥	卯	寅	巳	子

21.	亥	申	辰	戌	寅
22.	子	亥	酉	卯	未
23.	子	申	午	申	辰
24.	丑	酉	未	巳	巳
25.	丑	子	巳	午	丑
26.	寅	酉	戌	亥	戌
27.1	寅	戌	未	辰	卯
28.	卯	丑	申	酉	申
29.	卯	戌	午	午	巳
30.	辰	亥	亥	未	午

知道紫微星落在哪一個宮位後，就可以查表排出天機、太陽、武曲、天同、廉貞等星曜。例如：紫微星如果排在辰宮，則天機排在卯宮、太陽排在丑宮、武曲排在子宮、天同排在亥宮、廉貞排在申宮。

※紫微星系諸星

紫微	天機	太陽	武曲	天同	廉貞
子	亥	酉	申	未	辰
丑	子	戌	酉	申	巳
寅	丑	亥	戌	酉	午
卯	寅	子	亥	戌	未
（辰）	卯	丑	子	亥	申
巳	辰	寅	丑	子	酉
午	巳	卯	寅	丑	戌
未	午	辰	卯	寅	亥
申	未	巳	辰	卯	子
酉	申	午	巳	辰	丑
戌	酉	未	午	巳	寅
亥	戌	申	未	午	卯

步驟 8：排天府星系

知道紫微星落在哪一個宮位後，就可以查表得知天府星應該排入哪一個宮位。

例如：紫微星如果排在辰宮，則天府排在子宮。

※ 天府星

紫微	天府
子	辰
丑	卯
寅	寅
卯	丑
辰	（子）
巳	亥
午	戌
未	酉
申	申
酉	未
戌	午
亥	巳

知道天府星落在哪一個宮位後，就可以查表排出太陰、貪狼、巨門、天相、天梁、七殺、破軍等星曜。

※天府星系諸星

天府	（子）	丑	寅	卯	辰	巳	午	未	申	酉	戌	亥
太陰	丑	寅	卯	辰	巳	午	未	申	酉	戌	亥	子
貪狼	寅	卯	辰	巳	午	未	申	酉	戌	亥	子	丑
巨門	卯	辰	巳	午	未	申	酉	戌	亥	子	丑	寅
天相	辰	巳	午	未	申	酉	戌	亥	子	丑	寅	卯
天梁	巳	午	未	申	酉	戌	亥	子	丑	寅	卯	辰
七殺	午	未	申	酉	戌	亥	子	丑	寅	卯	辰	巳
破軍	戌	亥	子	丑	寅	卯	辰	巳	午	未	申	酉

步驟 9：排年干系諸星

依據出生年的天干，也就是出生「年干」，查表排出祿存、擎羊、陀羅、天魁、天鉞等星曜。例如 2011.3.8 出生的人，出生年干為「辛」。

※ 年干系諸星

年干	祿存	擎羊	陀羅	天魁	天鉞
甲	寅	卯	丑	丑	未
乙	卯	辰	寅	子	申
丙	巳	午	辰	亥	酉
丁	午	未	巳	亥	酉
戊	巳	午	辰	丑	未
己	午	未	巳	子	申
庚	申	酉	未	丑	未
（辛）	酉	戌	申	午	寅
壬	亥	子	戌	卯	巳
癸	子	丑	亥	卯	巳

步驟 10：排年支系諸星

依據出生年的地支，也就是出生「年支」，查表排出天馬、紅鸞、天喜、咸池、大耗、孤辰、寡宿、天哭、天虛、天空、華蓋等星曜。例如 2011.3.8 出生的人，年支為「卯」。

※ 年支系諸星

年支	天馬	紅鸞	天喜	咸池	大耗	孤辰	寡宿	天哭	天虛	天空	華蓋
子	寅	卯	酉	酉	未	寅	戌	午	午	丑	辰
丑	亥	寅	申	午	午	寅	戌	巳	未	寅	丑
寅	申	丑	未	卯	酉	巳	丑	辰	申	卯	戌
（卯）	巳	子	午	子	申	巳	丑	卯	酉	辰	未
辰	寅	亥	巳	酉	亥	巳	丑	寅	戌	巳	辰
巳	亥	戌	辰	午	戌	申	辰	丑	亥	午	丑
午	申	酉	卯	卯	丑	申	辰	子	子	未	戌
未	巳	申	寅	子	子	申	辰	亥	丑	申	未
申	寅	未	丑	酉	卯	亥	未	戌	寅	酉	辰
酉	亥	午	子	午	寅	亥	未	酉	卯	戌	丑
戌	申	巳	亥	卯	巳	亥	未	申	辰	亥	戌
亥	巳	辰	戌	子	辰	寅	戌	未	巳	子	未

步驟11：排月系諸星

依據農曆出生的月份，查表排出左輔、右弼、天刑、天姚、陰煞、月馬等星曜。

範例為農曆2月份出生。

※月系諸星

月份	左輔	右弼	天刑	天姚	陰煞	月馬
1	辰	戌	酉	丑	寅	申
(2)	巳	酉	戌	寅	子	巳
3	午	申	亥	卯	戌	寅
4	未	未	子	辰	申	亥
5	申	午	丑	巳	午	申
6	酉	巳	寅	午	辰	巳
7	戌	辰	卯	未	寅	寅
8	亥	卯	辰	申	子	亥
9	子	寅	巳	酉	戌	申

10	丑	丑	午	戌	申	巳
11	寅	子	未	亥	午	寅
12	卯	亥	申	子	辰	亥

註：「飛星派」所使用的天馬星，乃依農曆出生月份求得，故也稱為月馬星。

步驟 12：排時系諸星

依據出生的時辰，查表排出文昌、文曲、地空、地劫等星曜。

範例為午時出生。

※時系諸星

時辰	時間	文昌	文曲	地空	地劫
子	23:01～01:00	戌	辰	亥	亥
丑	01:01～03:00	酉	巳	戌	子
寅	03:01～05:00	申	午	酉	丑

戌	酉	申	未	（午）	巳	辰	卯
19:01～21:00	17:01～19:00	15:01～17:00	13:01～15:00	11:01～13:00	09:01～11:00	07:01～09:00	05:01～07:00
子	丑	寅	卯	辰	巳	午	未
寅	丑	子	亥	戌	酉	申	未
丑	寅	卯	辰	巳	午	未	申
酉	申	未	午	巳	辰	卯	寅

亥	21:01～23:00	亥	卯	子	戌

依據出生年的地支與出生的時辰，查表排出火星、鈴星。

例如：2001.3.8卯年午時出生的人，火星排在「卯宮」、鈴星排在「辰宮」。

※火星與鈴星

年支	寅、午、戌		申、子、辰		巳、酉、丑		亥、卯、未	
時辰	火星	鈴星	火星	鈴星	火星	鈴星	火星	鈴星
子	丑	卯	寅	戌	卯	戌	酉	戌
丑	寅	辰	卯	亥	辰	亥	戌	亥
寅	卯	巳	辰	子	巳	子	亥	子
卯	辰	午	巳	丑	午	丑	子	丑
辰	巳	未	午	寅	未	寅	丑	寅
巳	午	申	未	卯	申	卯	寅	卯
（午）	未	酉	申	辰	酉	辰	（卯）	（辰）
未	申	戌	酉	巳	戌	巳	辰	巳

申	酉	亥	戌	午	亥	午	巳	午
酉	戌	子	亥	未	子	未	午	未
戌	亥	丑	子	申	丑	申	未	申
亥	子	寅	丑	酉	寅	酉	申	酉

步驟13：排星曜旺度

星曜的旺度，代表一顆星力量的強弱，星曜旺度由大至小依序為廟、旺、平、閒、陷。其中以十八飛星的旺度較為重要，尤其是太陽星與太陰星更為重要。

廟也稱為「入廟」、旺也稱為「入旺」、平也稱為「平地」、閒也稱為「閒地」、陷也稱為「落陷」（或陷地）也就是落入陷地的意思。

※星曜旺度表

宮位	紫微	天機	太陽	武曲	天同	廉貞	天府	太陰	貪狼	巨門	天相	天梁	七殺	破軍	左輔	右弼	文昌	文曲
子	平	廟	陷	旺	旺	平	廟	廟	旺	旺	廟	廟	旺	廟	旺	廟	旺	廟
丑	廟	陷	陷	廟	陷	旺	廟	廟	廟	旺	廟	旺	廟	旺	廟	廟	廟	廟
寅	廟	旺	旺	閒	閒	廟	廟	閒	平	廟	廟	廟	廟	陷	廟	旺	陷	平

卯	辰	巳	午	未	申	酉	戌	亥
旺	陷	旺	廟	廟	旺	平	閒	旺
旺	廟	平	廟	陷	平	旺	廟	平
廟	旺	旺	廟	平	閒	閒	陷	陷
陷	廟	平	旺	廟	平	旺	廟	平
廟	平	廟	陷	陷	旺	平	平	廟
閒	旺	陷	平	廟	廟	平	旺	陷
平	廟	平	旺	廟	平	陷	廟	旺
陷	閒	陷	陷	平	平	旺	旺	廟
閒	廟	陷	旺	廟	平	平	廟	陷
廟	平	平	旺	陷	廟	廟	旺	旺
陷	旺	平	旺	閒	廟	陷	閒	平
廟	旺	陷	廟	旺	陷	平	旺	陷
陷	旺	平	旺	旺	廟	閒	廟	平
旺	旺	閒	廟	廟	陷	陷	旺	平
陷	廟	平	旺	廟	平	陷	廟	閒
陷	廟	平	旺	廟	閒	陷	廟	平
平	旺	廟	陷	平	旺	廟	陷	旺
旺	廟	廟	陷	旺	平	廟	陷	旺

*此星曜旺度表，坊間因派別不同而略有差異，但大致上是大同小異。

每一顆星都有優缺點，當星曜旺度為廟或旺時，該星性的優點會強化而缺點會減弱，而當星曜旺度為落陷時，該星性的優點會減弱而缺點會強化。

例如：巨門星的優點為口才而缺點為口舌是非，當遷移宮有巨門在未宮落陷，出外時口舌是非就會比巨門在申宮入廟時來得多。
換個角度當遷移宮有巨門在申宮入廟時，出外時口才就會比巨門在未宮落陷時好。

步驟 14：

※ 安生年四化象

生年四化象即化祿、化權、化科、化忌等四象。

表格之中有參與四化的星曜計有十四主星加上左輔、右弼、文昌、文曲等四顆星，合稱為「十八飛星」。

例如：2001.3.8辛年出生的人，巨門星化祿、太陽星化權、文曲星化科、文昌星化忌。

※ 天干四化表

天干	化祿	化權	化科	化忌
甲	廉貞	破軍	武曲	太陽
乙	天機	天梁	紫微	太陰
丙	天同	天機	文昌	廉貞
丁	太陰	天同	天機	巨門
戊	貪狼	太陰	右弼	天機

己	武曲	貪狼	天梁	文曲
庚	太陽	武曲	太陰	天同
（辛）	巨門	太陽	文曲	文昌
壬	天梁	紫微	左輔	武曲
癸	破軍	巨門	太陰	貪狼

*坊間的「天干四化表」依派別的不同而略有不同，但大致上是大同小異。

【範例命盤】

以2011年3月8日早上11:30出生的女性為範例。農曆為辛卯年2月4日午時，排出來的紫微斗數命盤如下：

左月孤天地地　天 輔馬辰馬空劫　梁 平　陷 財帛宮 86～95 癸巳	天天　七 喜魁　殺 ↑ C 子女宮 96～105 甲午	華 蓋 ↑ D 夫妻宮106～115 乙未	大陀　廉 耗羅　貞 廟 D 兄弟宮116～125 丙申
鈴文天　天紫 星昌空　相微 旺旺　旺焰 忌 B 疾厄宮 76～85 壬辰	張小姐 2011年 3 月 8 日 早上 11：30 辛卯年　陰女 農曆 2 月 4 日 五行局：火六局		右天祿 弼虛存 陷 ↑ ↑ C D 命宮　丁酉
火天　巨天 星哭　門機 平　廟旺 祿 A 遷移宮 66～75 辛卯			文天擎　破 曲刑羊　軍 陷 廟　旺 科 父母宮 16～25 戊戌
天天　貪 姚鉞　狼 平 交友宮 56～65 庚寅	寡　太太 宿　陰陽 廟陷 權 B 事業宮 46～55 辛丑	陰紅咸　天武 煞鸞池　府曲 廟旺 B 交友宮 36～45 庚子	天 同 廟 ↑ C 交友宮 26～35 巳亥

第二十一章 行運盤

※大限盤

大限盤也稱為大運盤，紫微斗數每十年走一個大運，代表一段運勢的起伏，本命盤每一個宮位都有顯示一個十年大運的區間，該區間也就是某十年大運的「命宮」，知道該大運「命宮」所在位置後，就將該大運其他十一個宮職，依照逆時針的順序排入其他十一個宮位。十二宮職依序為命宮、兄弟宮、夫妻宮、子女宮、財帛宮、疾厄宮、遷移宮、交友宮、事業宮、田宅宮、福德宮、父母宮。

以2011年3月8日早上11:30出生的女性為範例。46~55歲之大運盤如下表（虛線部分）。

※大運命盤範例

左月孤天地地 天 輔馬辰馬空劫 梁 平 陷 事業宮 ├46～55┤ 財帛宮 86～95 癸巳	天天 七 喜魁 殺 交友宮 ↑ ├46～55┤ C 子女宮 96～105 甲午	華 蓋 遷移宮 ↑ ├46～55┤ D 夫妻宮106～115乙未	大陀 廉 耗羅 貞 廟 疾厄宮 ├46～55┤ 兄弟宮116～125丙申
文鈴天 天紫 昌星空 相微 旺旺 旺陷 忌 B 田宅宮 ├46～55┤ 疾厄宮 76～85 壬辰	張小 姐 2011 年 3 月 8 日早上 11:30 辛卯年 陰女 農曆2 月 4 日 五行局：火六局		右天祿 弼虛存 陷 財帛宮 ↑↑ ├46～55┤ C D 命宮 丁酉
火天 巨天 星哭 門機 平 廟旺 祿 A 福德宮 ├46～55┤ 遷移宮 66～75 辛卯			文天擎 破 曲刑羊 軍 陷 廟 旺 科 子女宮 ├46～55┤ 父母宮 16～25 戊戌
天天 貪 姚鉞 狼 平 父母宮 ├46～55┤ 友宮 56～65 庚寅	寡 太太 宿 陰陽 廟陷 權 B 命宮 ├46～55┤ 事業宮 46～55 辛丑	陰紅咸 天武 煞鸞池 府曲 廟旺 B 兄弟宮 ├46～55┤ 田宅宮 36～45 庚子	天 同 廟 ↑ 夫妻宮 C ├46～55┤ 福德宮 26～35 己亥

※流年盤

紫微斗數每一年走一個流年運，代表一年運勢的起伏，如 2013 年是癸巳年，就以年支之「巳宮」做為該年之流年「命宮」，知道該年之流年『命宮』所在位置後，就將該流年其他十一個宮職，依照逆時針的順序排入其他十一個宮位。十二宮職依序為命宮、兄弟宮、夫妻宮、子女宮、財帛宮、疾厄宮、遷移宮、交友宮、事業宮、田宅宮、福德宮、父母宮。

（坊間有些派別使用「小限法」定義流年，本書不採用。）

以 2011 年 3 月 8 日早上 11:30 出生的女性為範例。其 2012 年之流年盤如下表。

紫微斗數之年齡，以虛歲計算，也就是出生第一年為1歲，第二年起為2歲，2012 年（農曆1月1日起）為虛歲 2歲。

※流年命盤範例

<table>
<tr>
<td>左月孤天地地 天
輔馬辰馬空劫 梁
平 陷
父母宮
(2012)
財帛宮 86～95 癸巳</td>
<td>天天 七
喜魁 殺
福德宮
(2012)
↑C
子女宮 96～105 甲午</td>
<td>華
蓋
田宅宮
(2012)
↑D
夫妻宮106～115乙未</td>
<td>大陀 廉
耗羅 貞
廟
事業宮
(2012)
兄弟宮116～125丙申</td>
</tr>
<tr>
<td>文鈴天 天紫
昌星空 相微
旺旺 旺陷
忌 B
命宮
(2012)
疾厄宮 76～85 壬辰</td>
<td colspan="2" rowspan="2">張小 姐

2011 年 3 月 8 日早上 11:30
辛卯年 陰女
農曆2 月 4 日
五行局：火六局</td>
<td>右天祿
弼虛存
陷
交友宮
(2012)
↑C ↑D
命宮 丁酉</td>
</tr>
<tr>
<td>火天 巨天
星哭 門機
平 廟旺
祿
A
兄弟宮
(2012)
遷移宮 66～75 辛卯</td>
<td>文天擎 破
曲刑羊 軍
陷 廟 旺
科
遷移宮
(2012)
父母宮 16～25 戊戌</td>
</tr>
<tr>
<td>天天 貪
姚鉞 狼
平
夫妻宮
(2012)
友宮 56～65 庚寅</td>
<td>寡 太太
宿 陰陽
廟陷
權
B
子女宮
(2012)
事業宮 46～55 辛丑</td>
<td>陰紅咸 天武
煞鸞池 府曲
廟旺
財帛宮
(2012)
B
田宅宮 36～45 庚子</td>
<td>天
同
廟
疾厄宮
(2012)
↑C
福德宮 26～35 己亥</td>
</tr>
</table>

【附錄】

命理教學與諮詢

【命理教學】

（1）紫微斗數四化

（2）文王卦占卜

（3）玄空飛星陽宅風水

（4）天星擇日

※課程內容可來信詢問。

【命理諮詢服務】

（1）紫微斗數命盤解析
（2）文王卦占卜
（3）陽宅風水勘查與佈局
（4）擇日
（5）星座命盤解析
※專業諮詢（不涉鬼神），服務內容可來信詢問。
電子信箱：gse.lee@msa.hinet.net

國家圖書館出版品預行編目資料

紫微斗數，看一次就學會／李明謙著.
－－第一版－－臺北市：知青頻道出版；
紅螞蟻圖書發行，2014.9
面　；　公分－－(Easy Quick；141)
ISBN 978-986-5699-41-3（平裝）

1.紫微斗數

293.11　　　　103017137

Easy Quick 141
紫微斗數，看一次就學會

作　　者／李明謙
發 行 人／賴秀珍
總 編 輯／何南輝
校　　對／周英嬌、李明謙
美術構成／Chris' office
出　　版／知青頻道出版有限公司
發　　行／紅螞蟻圖書有限公司
地　　址／台北市內湖區舊宗路二段121巷19號（紅螞蟻資訊大樓）
網　　站／www.e-redant.com
郵撥帳號／1604621-1　紅螞蟻圖書有限公司
電　　話／(02)2795-3656（代表號）
傳　　真／(02)2795-4100
登 記 證／局版北市業字第796號
法律顧問／許晏賓律師
印 刷 廠／卡樂彩色製版印刷有限公司
出版日期／2014年９月　第一版第一刷
　　　　　2023年３月　　　第四刷(500本)

定價 300 元　港幣 100 元

ISBN　978-986-5699-41-3　　　　Printed in Taiwan